나만의 여행을 찾다보면 빛나는 순간을 발견한다.

잠깐 시간을 좀 멈춰봐.
잠깐 일상을 떠나 인생의 추억을 남겨보자.
후회없는 여행이 되도록
순간이 영원하도록
Dreams come true.

**Right here.
세상 저 끝까지 가보게**

제주 여행의 경계

코로나 바이러스의 창궐로 2020년부터 사람들은 해외여행을 갈 수 없어, 제주 여행을 선호하기 시작했다. 그래서 제주도는 코로나 바이러스로 인해 여행에서는 수혜자로 볼 수도 있다. 물론 제주도민을 비롯해 많은 어려움이 있었지만 제주도는 다양한 즐거움과 자유를 느끼는 좋은 여행지라고 생각한다.

최근에는 한 달 살기 제주로 장기여행을 떠나는 사람들도 많아져 제주는 이제 명실상부한 대한민국의 대표여행지이다. 그런데 코로나 바이러스가 엔데믹으로 가는 시기에 제주도가 과연 앞으로 계속 사람들이 찾는 여행지가 될까? 걱정되기도 한다.

제주도는 섬으로 비행기를 타고 가는 여행객이 대부분이라 국내여행이지만 해외여행 같은 느낌을 받는다. 그래서 더 설레임이 같이 따라온다. 제주 공항에 도착해 렌터카를 받으

려고 하는 시기에 사람들이 많아져 불만들이 생겨난다. 여행자들은 비싸진 렌터카 비용에 불만이 있는 상태에서 서비스에도 불만이 발생한다면 좋을 리가 없다.

제주 여행은 항상 중간 중간 문제들이 발생했다. 물가도 상대적으로 높기 때문에 여행의 부대비용이 올라간다면 차라리 해외여행을 가는 것이 낫지 않을까 고민하는 사람들은 늘어날 것이다. 제주를 좋아하는 사람으로 제주 여행은 항상 인기가 올라가고 사랑을 받는 여행지가 되기를 바라는데, 문제점이 발생하는 것을 보면 걱정이 앞선다.

더군다나 해외여행이 시작된 시기에 악재로 인해 제주 여행의 사랑이 꺾이지 않기를 바라는 마음이 간절하다.

Intro

시간은 연속적으로 흐르고 있지만 단절의 시기가 있다. 대한민국의 IMF 금융위기 이전과 이후는 사람들의 생각은 바뀌었고 대한민국도 바뀌었다. 2008년 미국의 금융위기부터 시작된 전 세계의 금융위기와 재정위기는 전 세계를 바꾸어 놓았다. 당연히 우리의 생활과 생각도 바꾸어 놓았다. 그리고 2020년 코로나 바이러스가 전 세계로 퍼져 처음으로 보는 빈 도시를 정말로 보게 되었다. 사람들이 매일 같이 드나들던 공항에서 자신이 가고 싶은 곳으로 이동은 할 수 없었다.

코로나 바이러스가 전 세계를 강타한 2020년, 바이러스는 백신으로 되돌릴 수 있다고 믿었던 2021년이 흐리지만 좀처럼 코로나 바이러스는 잡히지 않는다. 사람들은 더욱 힘없는 표정으로 지하철을 타고 이동하며 하루를 살고 있는 사람들. 따뜻한 말 한마디라도 서로 나누며 괜찮다고 말하고 싶다. 덕분에 나도 정을 느끼며 집으로 돌아가고 싶다.

대한민국 사람들은 정말로 열심히 살아간다. 그런데도 생활은 나아지지 않고 더 악화되고 있다. 어떻게 해야 이 상황을 벗어날 수 있을까? 기적이 일어나는 데에도 시간은 필요하다. 하물며 우리의 인생에도 생각할 시간이 필요하다. 잠시 벗어나 나를 볼 수 있는 시간은 코로나 바이러스가 뒤덮은 세상에도 필요할 것이다.

작은 부분들이 모여 전체의 합이 된다. 외부로 보이는 것보다 내면의 보이지 않는 부분이 더 중요하다. 누구나 알지만 실제로 현실에서 쉬어가면서 지내기는 힘들다. 바르게, 아름답게, 여유롭게 사는 것은 결국 모두 똑같은 것이다.

나는 제주를 좋아한다. 제주로 떠나는 관광객이 많은 시기는 봄과 여름이다. 사람들로 북적이는 좋아하지 않는 나는 겨울에 제주로 떠나는 경우가 많다. 거친 제주의 속살을 보고 싶기 때문이다. 겨울 제주의 풍경은 여름과 완전히 다르다. 산들산들 불어오는 바람에 사람들이 흥겨운 시기가 봄이라면 사람들이 떠나간 거칠고 맨 속살이 보이는 계절은 겨울의 제주이다.

문을 닫은 식당들이 많아서 아쉬울 때도 많지만 천천히 돌아보는 재미가 있다. 제주의 겨울이 와도 아직 들녘에는 가을의 풍경이 남아 있다. 가을과 겨울이 교차하는 풍경과 마주하면서 다양한 모습에 감탄하기도, 실망하기도 하면서 제주를 사랑하게 된다. 제주를 홀로 가질 수 있는 유일한 계절은 겨울이 아닐까? 생각해 본다.

작고 시시한 것들이 주는 행복을 거부하는 당신에게 나는 겨울의 제주를 추천한다. 더불어 한 달 살기를 하면서 제주를 느끼고 자신을 돌아볼 수 있는 시간을 가져보기를 바라기 때문에 한 달 살기 제주를 출간하기로 했다.

제주의 사계절

제주도는 사계절 내내 매력적인 풍경으로 여행자를 끌어당긴다. 친구, 가족, 연인 등과 함께 가는 여행도 좋지만 혼자서 사색을 즐기면서 자신에 대해 생각해 보는 시간을 갖기에도 좋은 곳이다. 이런 제주도가 더욱 사랑받는 이유는 따뜻한 계절로 다양하고 특색이 있어서 사시사철 언제 가도 멋스럽기 때문이다. 최근에는 짧은 제주여행보다 오랜 시간 머물면서 제주도를 이해하면서 지내는 사람들이 많아지고 있다.

봄
Spring

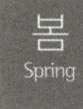

대한민국에서 가장 남쪽에 있는 섬인 제주도는 봄을 알리는 전령사의 역할을 한다. 노란색의 유채꽃이 사람들을 유혹하고 벚꽃은 하늘에서 꽃눈을 내리면서 여심을 사로잡는다.
이때부터 관광객이 몰려들기 시작하면서 제주도의 바람을 일으킨다. 바람이 많이 부는 제주도의 특성상 온도가 상승하는 제주도에 봄이 찾아와도 일교차가 심해서 감기를 조심해야 한다.

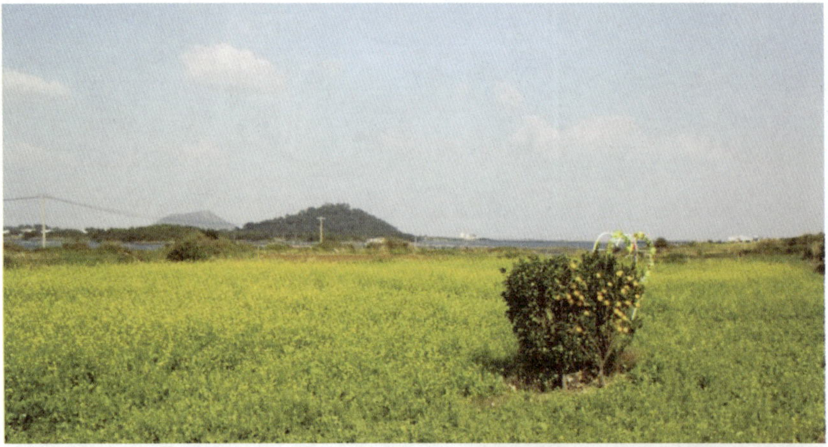

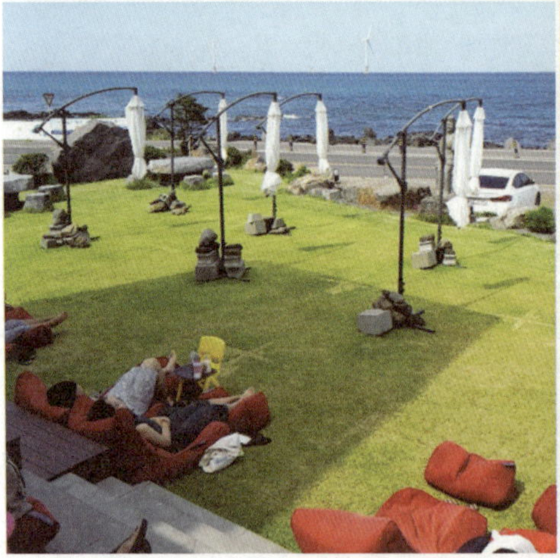

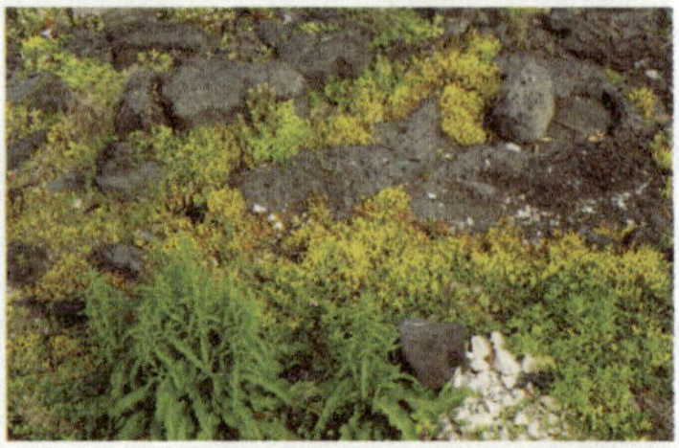

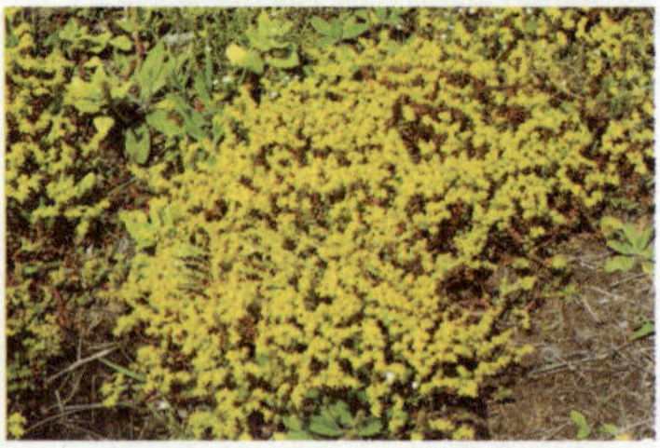

Summer

5월이면 제주도에 온도가 급격하게 상승하기 시작한다. 바다. 폭포, 숲 어디든 초록과 파란 색으로 변하면서 제주도에 해수욕장으로 조금씩 사람들이 몰려든다. 햇볕이 강한 제주도 여행을 하면 검게 탄 얼굴로 변하는 것도 시간문제이다. 숲길이나 휴양림을 걸으면서 생각에 잠기는 것도 제주도의 매력에 빠지는 지름길이다. 다만 해수욕장에 피서객이 몰려들면서 복잡한 제주도에서 피로를 느끼는 시기이기도 하다.

가을
Autumn

가을에는 온도도 내려가지만 습도도 내려간다. 그래서 제주도를 여행하는 최적의 계절이 가을이라고 누구나 말한다. 육지보다 기온이 떨어지는 시기는 늦어져서 가을이 상대적으로 길게 느껴진다. 오름마다 억새풀로 덮이는 모습은 장관을 연출한다.

어디서든 아름다운 제주를 볼 수 있는 시야가 좋아져 한라산, 오름 같은 전망대의 역할을 하는 높은 곳에서 바라보기 좋은 계절이다. 다만 가을마다 한반도를 덮치는 태풍으로 간간이 마음을 졸이는 일도 발생하기 때문에 방문하는 시기에 태풍이 오는지 확인하는 것이 좋다.

겨울
Winter

제주도의 겨울은 육지보다 늦다. 12월 중순은 되어야 겨울 같은 느낌이 든다. 겨울 내내 영하로 내려가는 경우는 거의 없는 곳이 제주도이다. 그런데 바람이 많이 부는 제주도에서 해변이나 해안도로를 따라 걸으면 체감기온은 빨리 내려간다.

제주도 중간에 있는 한라산을 사이로 북쪽에 있는 제주시와 남쪽에 있는 서귀포시도 온도차이가 있다. 한라산이 북쪽에서 내려오는 찬바람을 막아주기 때문에 서귀포시는 더 따뜻한 날씨가 이어진다. 한라산에 눈이 내리면 사람들은 등산이나 눈꽃이 핀 장면을 보기 위해 찾아간다.

Contents

Intro
제주의 사계절
인생과의 거리두기
아늑한 제주도
내면의 황소
내가 제주도에서 가장 좋아하는 것은 무엇일까?
일몰 헌터
바람의 노래
상처
나이 때문에 포기하시겠습니까?
내 모습 그대로 사랑하자.
여행의 뉴 노멀(New Normal), 한 달 살기
한 달 살기 제주
무엇이 중요한가?

■ About 제주 | 50

진짜 위대한 사람
겉모습보다는 내실을 다지자.
최고의 명예
제주도를 사랑할 수밖에 없는 이유
달라졌을까?
두 마리의 당나귀
마음의 고뇌를 없애는 방법

■ About 한 달 살기 | 85

한 달 살기를 보장하는 Best 4
포스트 코로나 시대, 뉴노멀 한 달 살기 제주
모파상의 묘비명
한 달 살기 마음가짐
준비하는 삶

■ 한 달 살기 제주 | 116

솔직한 한 달 살기
떠나기 전에 자신에게 물어보자!
세부적으로 확인할 사항
한 달 살기는 삶의 미니멀리즘이다.
경험의 시대
시련도 축복이고 기회이다.
한 달 살기는 무엇을 준비할까?
세부적으로 준비할 사항
숙소 확인 사항
한 달 살기 짐 쌀 때 생각해 보기
다양한 제주 여성 동상들
시련은 인생을 아름답게 한다.
여유로운 특권
★스타 헌터
늦은 아침

■ 뉴 노멀 여행 | 178

정말 많은 여행사는 바람직한가?
한 달 살기의 기회비용
한 달 살기의 디지털 노마드
한 달 살기의 대중화
또 하나의 공간, 새로운 삶을 향한 한 달 살기
내가 모르는 일
해산물이 먹고 싶네.

■ 내가 좋아하는 제주의 볼거리 | 198

제주시
볼거리
국립 제주박물관 / 제주목 관아 / 용두암 & 용연 / 이호해수욕장
삼양 검은 모래 해변 제주 동문시장 / 두맹이 골목 / 한라수목원
제주 절물 자연휴양림 / 신비의 도로 . 넥슨 컴퓨터 박물관 / 곽지 해수욕장
협재 해수욕장 / 한림공원 /

서귀포시

볼거리
대포 주상절리 / 중문 색달해수욕장 / 서귀포 매일올레시장 / 이중섭 미술관
왈종 미술관 / 성산일출봉 / 섭지코지 / 테디베어 박물관 / 표선해수욕장
아쿠아플라넷 제주 / 성읍 민속마을 / 쇠소깍 / 추사 유배지 / 오설록 티뮤지엄
모슬포 포구 / 산방산 / 용머리 해안

■ 인상적인 제주 맛집 | 241

인생과의 거리두기

병원 병실에서 눈을 뜬 한 남자는 모든 것이 어리둥절했다. 병실 침대 주변에 있는 의료진들은 남자가 깨어나자 기뻐하는 표정을 지었지만 남자는 어찌할 바를 몰랐다. 큰 상처를 입고 머리와 팔다리에 붕대를 감고 있었고 온몸이 고통스러웠다. 하지만 남자는 그것보다도 자신이 누구인지 아무것도 생각나지 않는 것이었다. 혼란스러운 남자에게 의사가 설명했다.

"환자분은 교통사고를 당해서 큰 수술을 받으셨습니다. 그리고 사고 당시 뇌에 심한 충격을 받게 되었고 기억을 관장하는 부분이 문제가 되어서 기억상실증이 찾아왔습니다."

"의사 선생님. 기억을 되살릴 수 있는 방법은 전혀 없습니까?"

간절하게 말하는 남자에게 의사는 조심스럽게 대답했다.

"전혀 방법이 없는 건 아니지만 자칫 기억을 되살리려다가 시력을 잃을 수도 있습니다. 선택은 환자분이 직접 하셔야 합니다. 환자분의 기억을 되찾길 원하십니까? 아니면 시력을 잃지 않으면서 사시길 원하십니까?"

남자는 며칠 동안 심사숙고한 후에 의사에게 말했다.

"저는 과거의 기억을 되살리기보다는 제 시력을 그대로 유지하겠습니다. 제가 과거에 어디에서 무엇을 했느냐보다는 지금, 이 순간부터 앞으로의 남은 삶까지 어디로 가게 되는지를 계속 보는 것이 더 낫다고 생각했습니다."

과거의 일을 생각할 수 있지만 과거의 일을 다시 바로잡을 수도 바뀔 수도 없는 이미 닫혀있는 문이다. 하지만 미래의 일들은 바라볼 수 없지만, 새로운 가능성으로 열려있다. 과거가 없으면 미래도 없다고 하지만, 과거에 실패와 성공에만 계속 얽매여 있다면 앞으로의 삶과 미래 또한 의미 있게 살 수 없다.

아늑한 제주도

제주도를 여행한다면 나는 겨울을 선호한다. 북적이지 않고 눈 내리는 한라산의 풍경이 너무 아름답기 때문이다. 그래서 눈이 온다고 하면 제주로 떠나볼까? 라고 나에게 물어보기도 한다. 눈이 오면 1100도로를 타고 이동한다. 중간에 차를 세우고 눈을 맞으면서 사색에 잠기고 멍하니 눈 오는 풍경을 바라볼 때도 많다. 눈 오는 도로 길을 걸으면서 한참을 멍때리면 정신이 맑아진다. 눈을 밟으면 나는 뿌득뿌득하는 소리는 동심으로 돌아가는 소리처럼 느껴진다.

차를 타고 이동하면 많은 사람들이 길가에 차를 세우고 자녀들과 함께 언덕으로 올라가 썰매를 타는 풍경도 인상적이다. 차를 타고 가다가 조랑말을 보면 조랑말에게 다가가 손을 내밀고 쓰다듬기도 하고 풀을 뜯어 말에게 먹이기도 하는 장면도 자주 보게 된다.

나는 제주도에 오래 있어봤지만 제주도의 도로를 기억하지 못한다. 그러나 1100고지와 1100도로는 눈 쌓인 풍경을 보기 위해 자연스럽게 기억하고 있는 곳이다. 눈이 오더라도 영하의 날씨가 거의 없는 제주는 다음날 쌓인 눈이 녹아 눈 쌓인 풍경을 시내에서는 보기 힘들다. 그러므로 더욱 사람들은 한라산 가까이 다가가 눈 구경을 하러 모인다. 이때 사람들이 사용하는 도로가 1100도로이다.

한라산 아래 해발 1100m에 위치한 이곳을 가기 위해 만들어진 도로는 제주도의 눈이 오거나 눈 쌓인 풍경을 보기 위해 이용하는 도로에서 온통 눈으로 덮이는 도로에서 위험해 더 올라가지 못하고 내려오는 안타까운 장면을 연출하기도 한다.

내면의 황소

이중섭 '황소'를 처음 본 것은 중학교 1학년 미술 교과서에서였다. 시험에 나온다는 선생님의 한마디에 나는 이중섭의 황소를 역동적인 소를 표현했다고 외웠다. 그러나 조그만 그림으로 표시된 소의 모습은 앞으로 나아가려고 하는 모습에 갈비뼈를 주로 표시한 모습은 역동적인지 알지 못했다. 오히려 이렇게 그림을 그려도 되는지 선생님께 묻고 싶은 마음이었다.

세월이 지나 나는 나이를 먹고 성인이 되었고 이제는 늙을까봐 걱정되는 나이가 되었다. 그런데도 나는 무엇을 이루어놓았는지 한심할 때가 많고 집 한 채 없는 자신에게 위로해 줄 마음조차 쉽게 허락되지 못했다.

그럴 때 이중섭에 대한 다큐멘터리를 보게 되었고 돈이 없는 가난한 화가이자 한 집의 가장이기도 한 이중섭이 내면을 표현한 것이 '황소'라는 사실을 알게 되었다. 여기에 교과서에서 본 그림은 '흰소'라는 것과 황소는 교과서의 그림보다 더 격렬하게 달려드는 소의 모습이라는 것에 놀랐다. 자신이 무기력하고 그 무기력에 화가 날 법도 한데 어떻게 내면을 표현할 수 있을까?라는 의문이었다.

제주도에서 살던 시절 이중섭은 은지에 그림을 그리게 되었다. 종이를 살 수 없던 이중섭의 궁핍한 생활은 화가로서 표현하고 싶지만 그림을 그리는 것조차 힘든 현실에도 그리는 작가에 대한 안타까움과 연민이었다. 그런데도 '은지화'에 그린 그림은 걸작이었다. 어디에 그려도 실력은 배신을 하지 않는다는 사실에 더욱 놀랐다.

은지화에 그린 그림을 이중섭 미술관에서 보고 나는 아이들의 천진난만한 표정에 더욱 빠져들었다. 내가 힘들 때마다 힘들어도 웃으면서 살고 싶을 때, 마음이 울적할 때 나는 이중섭 미술관을 찾게 된다. 그럴 때마다 이중섭을 생각한다. 그는 어떤 생각을 했을까? 절망에서 희망을 보았을까? 아니면 절망을 표현했을까?

그에게 나는 내면을 표현하는 법을 배웠다.

나는 작가이니 글로 내면을 표현한다.
울적할 때 찾으면서 나는 위로 받는다.

내가 제주도에서
가장 좋아하는 것은 무엇일까?

커피를 마시면서 친구와 이야기하거나 홀로 카페에서 커피를 마시며 풍경에 빠지는 것이다. 그리고 2번째가 옥상이나 산 중턱, 산꼭대기, 오름에 올라 세상을 보는 것이다. 마지막은 거친 바람에 휩쓸려 다니면서 풍경 보기이다.

나이가 들어가면서 친구들과 더 많은 이야기를 나누고 싶을 때가 있다. 그렇지만 현실은 같이 여행을 갈 친구가 많지 않다는 사실이다. 다들 먹고 살기 바쁘고 결혼을 하면 친구와 같이 여행하는 것은 더욱 힘들다. 시간이 갈수록 카페에서 혼자 커피를 마시면서 생각하는 시간이 더욱 많아진다.

마음이 울적하거나 기분이 한동안 나아지지 않을 때 이중섭 미술관 옥상으로 올라가 서귀포 시를 보고, 한라산 중턱에서 시내를 내려다본다. 풍경을 볼 때는 나 혼자 보는 것이 마음이 정리가 잘된다. 가끔 누군가와 함께 이야기 거리를 나누면서 풍경을 볼 때도 좋긴 하지만 많지는 않다. 그렇지만 호텔 꼭대기에서 풍경을 보는 것은 그리 마음의 정리가 잘되거나 위로를 받지는 못한다. 왜 그런지는 나도 모르겠다.

거친 바람을 맞으면서 풍경을 보기에 가장 좋은 장소는 오름에 오르는 것이다. 1시간도 안 되는 시간이지만 사방이 뚫린 우뚝 솟아오른 오름에서 바람에 흔들리는 갈대를 맞기도 하고 소리도 들으면서 나는 올라간다. 꼭대기까지 올라가면 겨울에도 땀이 나고 헐떡이기도 하지만 내려다보는 풍경을 정말 아름답다. 특히 해지기 시작하는 바다의 일몰을 볼 때면 기분이 좋아진다.

위의 3가지를 모두 할 수 있는 곳은 대한민국에서 제주도밖에는 없다. 그래서 오랜 시간 제주에서 지낼 수 있고, 항상 찾을 수 있는 것에 감사하다.

JEJU

일몰 헌터

예전에 제주도에서 한참 박물관, 미술관, 카페, 오름 등을 찾아다니면서 하루 종일 여행할 때였다. 먹는 시간을 빼고는 자동차로 관광명소를 보고 둘러보았다. 그러다가 오설록 티 뮤지엄에서 차를 마시면서 친구와 옛 이야기로 꽃을 피우고 있었다. 그러다가 친구가 마감 시간이 다 되었다며 항공 박물관을 가자고 일어설 때였다.

굳이 시간에 쫓기면서 가야할까?
여행도 바쁘게 보면서 다녀야할까?

친구는 그래도 왔으니까, 근처에 있으니까 가자는 것이었다. 항공 박물관으로 이동하는 거

리는 짧았지만 마감 30분 전에 입장을 해야 한다고 입장을 할 수 없었다. 차라리 차를 마시면서 더 이야기를 나누면 좋았을 것을 이것저것 보겠다는 생각에 이동했지만 보지도 못하고 피곤만 몰려올 뿐이었다.

산길을 따라가는 시간에 해가 질려고 했다. 그 풍경이 너무 따뜻하여 우리는 차를 옆에 세우고 해가 내려갈 때까지 보았다. 그때 서로 담소를 나누고 차에 놓았던 커피를 마시면서 '자연 카페'에서 하루를 마무리했다.
그 이후로 나는 제주도에서 해가 질 때는 일몰이 아름다운 곳을 찾아 나섰다.

한 달 살기를 할 때도 마찬가지이다. 한 달 살기를 하다보면 때로는 지루하고, 마음이 편하지 않을 때도 있다. 사람의 마음은 어디에서든 항상 좋을 수만은 없기 때문에, 그럴 때는 어김없이 일몰을 감상하기 위해 자동차를 타거나 직접 걸어서 해지는 풍경을 바라본다.
옆에 커피 한 잔이 있으면 더욱 좋고, 따뜻한 말 한마디를 건넬 수 있는 누군가가 옆에 있으면 더더욱 좋다. 그렇지만 홀로 생각을 하면서 오래 감상할 수 있는 나만의 카페에서 보는 것도 좋을 것이다.

그렇게 나의 제주도 하루는 간다. 따뜻한 해가 나를 감싸면서

바람의 노래

섬인 제주도는 바람이 많이 분다. 어느 계절이건 바람이 많이 불어서 바람 때문에 제주도의 특징이라고 하는 '삼다도'에 바람이 포함되어 있을 것이다. 사람마다 바람을 싫다고 하는 사람들도 있을 것이다. 나도 바람이 많이 분다고는 알고 있었지 제주도의 큰 부분을 차지한다고 생각하지 않았다.

제주도를 방문하면 할수록 점차 바람이 심하다는 사실을 몸소 체험하였고, 자동차를 운전하고 갈 때 심한 바람이 불어 자동차가 흔들릴 때는 위험하다고 느꼈다. 특히 겨울에는 바람이 심하게 불기 때문에 자동차문을 열 때 문을 잡고 열어야 할 때도 있었다.

한 달 살기로 오래 한 곳에 머물면서 바람의 소리가 매일 바뀐다는 것을 알게 되었다. 강풍

이 불면 위협을 느끼게 되어 마치 강도 같기도 했고, 따뜻한 햇살이 내리쬘 때 바람이 불면 엄마의 손길 같기도 했다.

가끔 우울해지거나 기분이 좋지 않을 때 오름에 올라가면서 갈대를 스치면서 부는 바람은 마치 노래를 하는 것 같았다. 수목림을 거닐면 나무가 나를 보호해주면서 나쁜 바람을 방패처럼 막아주기도 하는 것처럼 느꼈다.

제주도에서 오래 머물면서 알게 된 가장 큰 수확 중 하나가 바람이 노래를 부를 수 있다는 사실이었다. 바람도 다양해 발라드부터 댄스까지 다양하게 나의 주위를 돌고 있었다.

때로는 내가 원하는 노래를 불러주지 않아 안타깝기도 했지만
나를 위로해주는 바람의 노래를 들을 때는

눈물이 갑자기 주르르~~~~

상처

나에게 사업의 실패로 인해 극복하는 과정은 쉬운 것이 아니었다. 돈이 없다는 이유로 아무 것도 할 수 없는 시간에서 나는 이 상황을 감내하고 결과를 만들어야 새롭게 나를 만들어야 하는 과정이었다. 모든 것을 새롭게 생각하고 나를 다시 태어나도록 만들고 계속 새로운 결과를 조금씩 만들어서 큰 결과를 만들어야 했다. 결국 나는 여행과 출판을 선택해 극복하면서 생각하고 극복한 모습을 만들어 냈다.

5년이 지났지만 그 흔적이 아직도 남아 있다는 사실에 놀라고 깊은 마음의 상처가 그들의 가슴 속에 남아 있어 안타깝기도 하다. 실패라는 상처의 흔적은 당사자인 내가 인정하고

극복하는 과정이 필요하다. 그 속에서 살고 있는 내가 고통 속에서 몸부림치겠지만 어쩔 수 없이 당사자의 몫일 것이다.

그래서 나에게 아름다운 경치를 보는 시간은 중요하다. 자신에게 실망도 하고 다른 이들에게 실망하지만 다시 새로운 '일신'을 만들어야 했기 때문이다. 그런데 아름다운 풍경을 보다보니 내 가슴에는 긍정의 마음이 지속적으로 만들어졌다. 나쁜 마음이 들어와도 아름답고 황홀한 경치에 나는 긍정으로 다시 마음을 잡고 새로운 일을 할 수 있었고 세상은 아름답다고 생각할 수 있었다.

마음속의 상처는 남았지만 상처를 계속 덮어주면서 긍정의 생각들이 나를 감싸게 만드는 방법은 아름다운 풍경을 보는 것이다. 그래서 나에게 제주에서의 생활을 중요하다.

어디에서든 감동하는 하루를 마무리할 수 있으므로

나이 때문에 포기하시겠습니까?

단돈 6달러를 가지고 폴란드에서 미국으로 건너온 29살의 청년은 열심히 노력한 덕에 부자가 되었고, 77세가 되는 해에 은퇴하여 조용한 삶을 보내고 있었다. 은퇴 후 줄곧 노인정에서 멍하니 지내던 그에게 한 봉사 요원이 그림을 그릴 것을 제안했고, 화실을 찾아 10주간 교육을 받았다.

여든한 살에 그림을 그리기 시작한 이 노인은 미국의 샤갈이라 불리는 '해리 리버만'이다. 뒤늦게 발견한 그의 재능은 대성공을 거두었다. 그는 백 한 살에 스물두 번째 개인전을 열어 세상을 놀라게 하고 103세가 되어 세상을 떠났다.

그때 나 스스로가 이젠 늙었다고, 뭔가를 시작하기엔 많이 늦었다고, 생각했던 것이 큰 잘못이었습니다. 나는 지금 정신이 또렷합니다. 앞으로 10년, 20년을 더 살지 모릅니다. 이제 나는 하고 싶었던 어학 공부를 시작하려 합니다.

그 이유는 단 한 가지....

10년 후 맞이하게 될 105번째 생일에 95살 때 왜 아무것도 시작하지 않았는지 후회하지 않기 위해서입니다.'

바빠서, 시간이 없어서, 나이가 많아서, 어떤 일을 시작하는 것이 엄두가 나지 않아서, 그리고 새로운 일을 시도할 흥미가 없어서, 이런저런 핑계는 앞으로 우리 인생에 찾아올 기회를 포기하는 것과 마찬가지이다.

저마다 인생의 도화지가 있다. 그리고 그 도화지가 얼마나 많이 남아있는지는 아무도 모르는 것이다. 누구나 성공적인 인생을 살기 원한다. 하지만 진정한 성공은 성공을 위해 끝까지 시도하는 용감한 사람들의 몫이다.

내 모습 그대로 사랑하자.

미국에 사는 미건 바너드Meagan Barnard는 평범한 소녀였다. 그런데 15세가 되자 자신이 뭔가 평범하지 않다는 것을 깨달았다. 사춘기에 접어들자 2차 성장이 나타나는 대신 오른쪽 다리가 비정상적으로 붓기 시작한 것이다. 병원에서는 발목이 삔 거라며 아스피린을 처방해 주는 게 다였다. 일주일이 지났지만, 증상은 나아지기는커녕 더 악화됐다.

검사 결과 미건은 체액 저류와 조직 팽창을 유발하는 만성 림프계 질환인 '림프부종'이라는 진단을 받았다. 반 친구들은 그런 그녀를 놀리기 시작했고, 미건은 극단적인 선택을 결심하기까지 했다. 훗날 미건은 그때를 회상하며 말했다.

"제 인생이 15살에 끝나는 것 같았어요."

그렇게 9년이 흘렀다. 어느 날 미건은 이전과는 완전 반대의 선택을 하게 된다. 감출 수밖에 없었던 오른쪽 다리를 오히려 당당히 드러내기로 한 것이다. 세상과 단절된 채 보냈던 지난 9년이라는 시간이 너무 아깝게 느껴졌기 때문이다.
감추고 싶던 다리를 세상에 당당히 드러내는 모델이 되기 위해 사진 촬영에 나섰고, 6개월을 사귀면서도 자신의 비밀을 드러내지 않은 남자 친구에게도 사실을 알렸다.

미건의 모습에 남자 친구가 놀라지 않은 건 아니지만, 자신을 신뢰할 만큼 편안해졌다는 사실에 오히려 행복했다. 그렇게 자신을 사랑하게 되자, 주변의 모든 것이 변했다. 모델이자 블로거로 활동하며 사람들의 관심과 사랑을 받게 된 것이다.

그녀의 용기 있는 선택이 림프부종 환자를 포함해 자신의 몸을 부끄러워하는 많은 이들에게 큰 희망을 주었다. 내가 무엇을 잘해서가 아니라, 내가 무엇을 잘하지 못해도 있는 그대로의 나를 사랑해보자. 나 자신을 진심으로 사랑한다면 다른 사람도 나를 존중하기 마련이다.

여행의 뉴 노멀(New Normal), 한 달 살기

특정 도시의 라이프스타일과 문화를 일상생활에서 체험하듯이 한 달 살기에서 느낄 수 있다. 전시, 박물관 체험 등을 통해 경험해 볼 수 있는 도시마다 다른 테마 프로그램이 있다는 사실을 알게 된다. 누가 처음으로 만든 여행이 아니고 바쁘게 보고 돌아다니는 관광에 지친 사람들이 원하는 여행이 "한 달 살기"라는 이름의 여행으로 나타나게 되었다.

기초적인 요리를 배워 보는 쿠킹 클래스, 요가 강사를 섭외해 진행하는 요가 수업 등을 경험해 볼 수 있는 프로그램이 많기 때문에 새로운 체험을 즐기면서 새로운 도시에서 새로운 체험을 할 수 있다. 한 달 살기를 하면서 새로운 도시를 찾은 여행자들이 현지에서 사는 느낌을 받을 수 있는 여행 형태이다.

도시마다 다른 여행 취향을 반영한 한 달 살기처럼 여행자가 선택하는 도시에서 볼거리, 맛집 등을 기반으로 장기간의 여행과 현지인의 삶의 방식을 즐길 수 있는 여행플랫폼이기도 하다. 짧은 여행이나 배낭여행으로는 느낄 수 없어서 바뀌는 여행 트렌드를 반영한 한 달 살기로 태어났다고 볼 수 있다.

한 달 살기가 대한민국에 새로운 여행문화를 이식시키고 있다. 한 달 살기는 '장기 여행'의 다른 말일 수도 있다. 그 전에는 대부분 코스를 짜고 코스에 맞추어 10일 이내로 가고 싶은

여행지로 떠났다. 유럽 배낭여행도 단기적인 여행방식에 맞추어 무지막지한 코스를 1달 내내 갔던 기억도 있지만 여유롭게 여행을 즐기는 문화는 별로 없었다.

한 달 살기의 장기간 여행이 대한민국에 없었던 이유는 경제발전을 거듭한 대한민국에서 오랜 시간 일을 하지 않고 여행을 가는 것은 상상하기 힘든 것이었다. 하지만 장기 불황에 실직이 일반화되고 멀쩡한 직장도 퇴사를 하면서 자신을 찾아가기 위한 시간을 자의든 타의든 가질 수 있게 되어 점차 한 달 살기를 하는 장기 여행자는 늘어나고 있다.

거기에 2020년의 코로나 바이러스가 전 세계를 강타하는 초유의 상황이 벌어지면서 바이러스를 피해 사람들과의 접촉을 줄이기 위해 재택근무가 늘어나고 원격 회의, 5G 등의 4차 산업혁명이 빠르게 우리의 삶에 다가오면서 코로나 이후의 뉴 노멀$^{New\ Normal}$, 여행이 이식될 것이다. 그 중에 하나는 한 살 살기나 자동차 여행으로 접촉은 줄어들지만 개인들이 쉽게 찾아가고 자신이 여행지에서 여유롭게 느끼면서 다니는 여행은 늘어날 것이다. 그런 곳이 '제주'가 아닐까?

여행을 하면 "여유롭게 호화로운 호텔에서 잠을 자고 수영장에서 여유롭게 수영을 하면서 아무것도 하지 않는 것이 꿈이다"라고 생각하면서 여행을 하지만 1달 이상의 여행을 하면 아무것도 안 하고 1달을 지내는 것은 쉬운 일이 아니다. 한 달 살기를 하면 반드시 자신에 대해 생각을 하게 된다. 일상에서 벗어나게 되므로 새로운 위치에서 자신을 볼 수 있게 되는 장점이 있다.

한 달 살기 **제주**

양파 같은 매력을 품은 화산섬, 제주도는 오랜 역사를 자랑하는 다양한 마을들, 어디나 있는 아름다운 자연, 언제나 봐도 다 못 보는 박물관 등 먹고 보고 즐길 수 있는 것들이 너무 많다. 코로나 바이러스가 전 세계를 휩쓸면서 해외여행이 제한되었지만 국내에서 여행은 끊이지 않고 여행을 떠난다. 최근에는 오래 여행을 떠날 수 있는 여건이 생겨나면서 한 달 살기를 떠나고 있는데, 그 중에서 제주로 떠나는 한 달 살기가 인기를 얻고 있다.

오염되지 않은 에메랄드빛의 백사장과 해안에 있는 주상절리 등 천국의 섬이라는 단어가 떠오른다. 최근에 제주도에서 더 시간을 보내면 이곳만이 가진 매력에 빠져 한 달 살기를 하게 된다. 중문 비치에는 제주도에서 유명한 5성급 럭셔리 리조트가 있고, 시골로 가서 지역 사람들과 같이 지내도 좋다. 노란색의 유채 꽃밭이나 분홍색, 흰색, 보라색 등의 코스모스 꽃밭이 펼쳐진 풍경 속에서 돌하르방이나 제주 전통식 초가집들을 보고 있노라면 이국적인 느낌이 든다.

제주도의 하늘을 꾸며주는 한라산은 제주도 거의 어디서나 바라보인다. 등산을 좋아하면 꼭 정상까지 올라가 멋진 장관을 감상하는 것이 좋다. 한라산 남쪽으로는 올레길이 다양하게 구성되어 있다. 제주도 동해안의 성산일출봉에서 바라보는 풍경은 굉장히 유명한데, 특히 여기서 보는 일출은 정말 장관이다.

제주도의 겨울도 꽤 추울 수 있지만 야외 활동을 하기에 날씨가 별로인 날에도 전혀 걱정할 필요가 없다. 실내에서 즐길 수 있는 것들이 아주 많다. 미로공원의 대명사인 김녕미로공원부터 최근에 인기를 끌고 있는 메이즈랜드, 테디베어 박물관, 스누피 박물관과 트릭아트 뮤지엄 등 독특하고 재미있는 곳은 물론 특이하게 성 박물관인 러브랜드까지 있다.

지리적으로 독특한 제주도는 자체의 고유한 농산물과 요리가 발달하여 감귤부터 레드향, 천혜향, 한라봉은 아주 유명하다. 또한 제주도 해녀는 문화유산으로 지정될 정도로 제주도에는 다양한 즐길 거리가 있다.

무엇이 중요한가?

옛날 어느 나라에 한 장군이 있었다. 격렬한 전투가 계속되어 조금도 쉴 수 없었던 장군은 소강상태에 이르자 그제야 정말 오랜만에 자신의 숙소에서 쉴 수 있었다. 마침 따뜻한 차 한 잔이 생각난 장군은 자신이 소중히 보관하고 있던 찻잔을 꺼내어 차를 따랐다. 그리고 한 모금 마시려는 순간 가슴이 철렁 내려앉았는데, 손에서 그만 찻잔이 미끄러져 놓칠 뻔했던 것이다. 다른 손으로 다급히 찻잔을 잡아서 깨지는 사고는 모면했지만, 아끼던 찻잔을 한순간에 깨뜨리는 줄 알았기에 장군의 가슴은 여전히 요동쳤다.

순간 장군은 조금 전 자신의 모습에 다시 한번 놀라지 않을 수 없었다. 전쟁터에서 아끼는 부하들이 눈앞에 쓰러져 갔을 때도, 적군에 포위되어 자신과 병사들의 목숨이 풍전등화 같던 때에도, 그처럼 가슴이 철렁 내려앉은 일은 없었기 때문이다.

'어떻게 내가 이럴 수 있단 말인가?'

장군은 조금 전 자신이 가졌던 행동과 마음을 용납할 수가 없었다. 소중한 병사들의 목숨보다 작은 찻잔 하나에 집착하고 있는 자신의 모습은 수많은 병사의 목숨을 책임져야 할 장군의 태도가 아니었던 것이다. 장군은 깊은 반성과 함께 그리도 소중히 여기던 찻잔을 그 자리에서 깨뜨려 버렸다.

당신이 가장 아끼는 것이 무엇인가?

머릿속에 지금 무언가가 떠올랐다면 다시 한번 생각해보자. 그것이 가져다줄 순간의 행복과 즐거움 때문에 더 소중한 것을 소홀히 여기지 않았는지 말이다. 잠시 사용하고 사라져 버릴 '소유' 때문에 '존재'를 잃어버리지 않도록...

익숙함에 속아 소중함을 잊지 말자.

- 생텍쥐페리의 '어린 왕자' 중에서 -

ABOUT
제주

Jeju

탐라 & 제주

통일 신라 시대때 국호로 사용하기 시작한 '탐라'는 고려 시대에 '탐라군'으로 바뀌어 고려의 지방으로 중앙에서 관원이 파견되었다. 고려 고종(1214년)때부터 '제주'라는 명칭이 사용되기 시작했다. 제주는 고려 무신시대 때 대몽항전을 펼친 삼별초의 마지막 항전 장소가 되면서 고려인들에게 각인되었다. 삼별초는 끝내 패배하고 원나라는 탐라총관부를 설치하고 말을 수탈해가기 시작했다. 공민왕에 의해 고려의 영토로 회복될 때까지 100년 동안 몽고의 지배를 받았다.

돌하르방

현무암으로 둔탁하게 만들어져 톡 튀어나온 동그란 눈과 둥그런 코, 벙거지 모자를 쓰고 두툼하게 나온 아랫배에 손을 가지런히 모은 돌하르방은 제주의 상징으로 다양한 상품으로 만들어지고 있다. 조선시대부터 각 현마다 수호신과 민속적인 신앙으로 역할을 하면서 마을의 표식 기능을 겸했다. 최근에 친숙하게 표현된 돌하르방은 누구에게나 사랑받는 이미지로 제주도를 대표하고 있다.

바람 & 돌

학교에서 배운 '삼다도三多島'라는 명칭은 제주도에 바람, 돌, 여자가 많다는 의미로 배웠다. 옛 제주는 끝없이 펼쳐진 망망대해에 사방이 세차게 불어오는 바람과 바람을 막아주는 돌이었다. 어선을 타고 바다로 나간 남자들은 태풍을 만나 사망하는 경우가 많아 여자가 상대적으로 많은 것이 여자가 많은 원인이었다.

조선 후기에는 생업을 위해 육지로 나가는 제주사람들이 많아지면서 육지로 나오는 것을 금하였다. 이때부터 제주 인들은 서로 상부상조하면서 끈끈한 정을 유지하였다. 지금도 제주사람들과 육지 사람들이 어울려 살아가는 것이 쉽지 않은 것은 제주만의 특색이 만든 것이다.

해녀

제주 방언으로는 '잠녀'라고 하는 해녀는 제주 여성들의 강인한 생존력을 뜻하는 단어가 되었다. 알려진 바로는 조선시대에 12~13살이 되면 헤엄치기와 잠수하는 법을 배우고 14~15살이면 해녀로 살아가기 시작했다고 한다.
숨을 참고 바다 속의 해산물을 채집하는 것은 쉬운 일이 고된 삶이었기 때문에 해녀는 제주 여인들의 힘든 삶을 엿볼 수 있는 직업이기도 하다. 최근에는 해녀의 숫자가 급감하여 앞으로 해녀를 쉽게 볼 수 없을 것이다. 제주도는 해녀를 홍보하면서 해녀가 이어지도록 지원하고 있다.

정낭

끈끈한 제주도, 안전한 제주도를 상징하는 것이 '정낭'이다. 처음에는 가축의 출입을 막는 역할이었지만 집안에 사람이 있는지 없는지 알려주는 역할을 하였다. 3개의 구멍이 뚫린 현무암 돌을 양쪽에 세운 것을 정주석이라 부르고, 이 구멍에 긴 나무를 끼워 '정낭'이라고 불렀다. 3개의 나무 정낭은 의미가 있다.

하나만 걸쳐져 있으면 주인이 있다는 의미이고, 두 개가 걸쳐 있으면 한참 후에 주인이 돌아오거나 아이들이 근처에 놀고 있다는 의미이다. 마지막으로 3개가 모두 걸쳐져 있으면 저녁 늦게 집주인이 돌아온다는 의미이다. 주인의 위치를 알려줄 수 있을 만큼 도둑이 없는 제주라는 의미로 제주도의 안전을 알려주고 있다.

제주 4·3 사건

1948년에 일어난 제주 4·3 사건은 '제주 4·3 항쟁'이라고 표현하기도 한다. 1947년 3월 1일 제주읍 관덕정 광장에서 3·1절 28돌을 기념하기 위한 집회에서 시위 군중을 향해 경찰이 총을 쏴 6명의 희생자가 발생하면서 도화선이 되었다.

민심이 흉흉해지자 서북청년단과 경찰을 동원해 대규모 강경진압을 하면서 희생이 더욱 커졌다. 결국 수만 명의 제주 도민이 목숨을 잃으면서 대한민국 근대사에 큰 아픔으로 기록되고 있다. 최근 제주 4·3 사건을 다시 바라보기 시작하여 아픔을 치유할 수 있는 길이 열리고 있다.

진짜 위대한 사람

가난하지만, 심성이 착한 한 청년은 신문을 볼 때마다 답답하고 슬프고 우울했다. 뉴스에는 사람들이 고통 받는 이야기가 가득했고, 힘과 권력을 가졌지만 부패한 사람들의 행적이 끊이지 않았다. 청년은 세상을 위해 좋은 일을 하고 싶었다. 자신에게 힘과 권력과 지혜가 있다면, 세상을 위한 더 의미 있는 일을 찾아 해내고 싶었다.

하지만 배움도 짧고 가난한 청년은 세상을 위한 일을 어떻게 시작할지조차 몰라, 영국의 철학자인 토머스 칼라일에게 찾아가 조언을 청했다.

"저는 지금보다 더 의미 있는 일을 하고 싶습니다. 그리고 절대로 제 욕심 때문이 아닙니다.
단지 세상을 위해 더 좋은 일을 하고 싶은 것입니다. 하지만 저는 단순한 일용직 노동자입니다. 제가 지금 하는 일은 아무런 의미도 없고 세상을 위하는 일도 아닌데 제 꿈을 이루기 위해서 저는 어떻게 살아야 할까요?"

토머스 칼라일은 흐뭇한 미소를 지으며 청년에게 따뜻하게 대답했다.

JEJU

"지금 당신이 하고 있는 일은 당신이 해야만 하는 중요한 일입니다. 집을 청소하는 단순한 일이라도 그 일에 책임감을 느끼고 할 수 있는 사람이, 다른 어떤 일이라도 잘 해낼 수 있다는 것을 잊지 말기 바랍니다."

토머스 칼라일은 다시 청년에게 강한 어조로 말했다.

"지금 하는 일이 별것 아니라는 생각을 버리고 그 일에 최선을 다하고 책임을 다하면 그 일이 얼마나 많은 사람을 변화시킬 수 있는 귀한 일인지 분명히 알게 될 것입니다. 그런 사람이 위대한 사람입니다."

세상에 어떤 일에도 하찮은 것은 없다. 왜냐하면 그 작고 쉽게 보이는 일도 하나하나가 뭉치고 뭉쳐서 만들어 낸 것이 바로 이 세상이기 때문이다. 오늘 열심히 산 당신이 있기에 세상은 지탱되고 있다.

겉모습보다는 내실을 다지자

갑자기 발전한 한 산골 마을이 혼란에 빠졌다. 갑작스럽게 주어진 물질적인 풍요로움을 어디에 어떻게 써야 할지 잘 몰랐기 때문이다. 결국 사람들은 뭔지도 모르는 물건들을 하나둘 사기 시작했다. 세탁기를 사고, 오디오를 샀다. 그리고 냉장고를 사고, 자동차를 사는 사람들도 있었다.

그런데 그 마을의 한 사람은 세탁기, 오디오, 냉장고, 자동차를 모두 샀다. 그 사람은 자신이 가지지 못한 것을 다른 사람이 가지고 있는 것을 참고 넘어가지 못했다. 그래서 이웃 사람들이 어떤 것을 살 때마다 본인도 그것을 사려고 했다.

어느 날 그는 이웃집에서 지붕에 둥근 접시 같은 것을 설치하는 것을 보고 그것이 무엇인지 물었다. 이웃집이 설치하던 것은 텔레비전으로 위성방송을 보기 위한 위성안테나였다.

그것을 알게 된 그는 큰 충격을 받았다. 당장 이웃 사람처럼 텔레비전을 사고 싶은 욕구가 치밀어 올랐다. 하지만 그동안 다른 걸 사느라고 돈을 다 지출해서 텔레비전과 위성방송 수신료를 지불할 돈이 더 이상 없었다.
시간이 지나자 위성안테나를 설치한 집들이 하나둘 계속 늘어나고 있었다. 마을 여기저기 보이는 안테나들을 보는 그는 자신만 텔레비전이 없다는 강박관념에 빠져 괴로워했다. 참다못한 그는 결국 위성 안테나만 사서 자신의 집 지붕 위에 설치했다. 텔레비전도 없고 위성방송 수신도 없었지만 그의 마음은 한결 편안해졌다.

왜냐하면 다른 사람들이 그의 집 지붕 위에 안테나를 보고 그가 텔레비전을 갖고 있는 것으로 생각할 것이기 때문이다.

경제적 능력이 부족한데도 빚을 지고, 비싼 이자를 지불하며 할부로 고급 차나 명품을 사는 사람들이 많아졌다. 그런데 화려한 겉모습에 혹해서 그렇게 고급 차를 덜컥 산 사람들은, 그 차를 1년도 몰아보지도 못하고 빚에 쫓겨 압류당하고 남은 빚을 갚는 경우가 많다는 통계가 있다.

훌륭한 성벽은 황금과 보석으로 치장한 것이 아니라 잘 다져진 기초 위에 단단히 쌓인 벽돌로 만든 성벽이다.

최고의 명예

영국 귀족 자제들이 주로 가는 영국 최고 명문사학 중 하나인 이튼칼리지 출신 중에서 제 1차 세계 대전에서는 5,619명이 참전해 1,157명이 전사했고, 제2차 세계 대전에서는 4,690명이 참전해서 748명이 전사했다고 한다.

영국 엘리자베스 여왕은 1차 세계대전 중 고작 15세의 나이에 차량 정비 장교 보직을 맡았었고, 여왕의 차남 앤드류 왕자는 포클랜드 전쟁에 전투기 조종사로 참전했다.

우리도 삼국 시대, 신라의 귀족 자제로 이루어진 화랑은 전쟁터에서 항상 가장 위험한 곳에서 목숨을 걸고 싸워야 했다. 김유신의 아들 김원술은 당나라와의 전투에서 패배했을 때 죽음을 각오하고 마지막 전투에 뛰어들려는 것을 부하 장수들이 김원술의 말고삐를 잡고 퇴각하여 살아 돌아올 수 있었다. 하지만 아버지 김유신은 병사들의 죽음을 뒤로하고 살아 돌아온 아들을 용서하지 않았다고 한다.

대한민국에서 존경받는 독립운동가 김구 선생님의 차남 김신 전 공군참모총장을 비롯하여, 손자 김양 전 공군 보훈처장과, 공군 장교로 임관한 증손자 김용만 씨 까지,

김구 선생님의 후손은 3대에 걸쳐서 공군 장교로 임관하면서 나라와 국민을 위해 일했다.

이들은 왜 더 어렵고 힘든 일을 택했을까?

그것은 자신만을 위해 부와 명예를 사용하는 것이 얼마나 무의미한 것인지를 너무도 잘 알았기에 자신의 욕망보다 주어진 명예와 헌신을 더욱 소중하게 여겼기 때문이다.

어려운 사람들을 위해 끝없이 베풀면서도 만석꾼의 집안을 지켜온 부자들의 귀감이라 불리는 경주 교동 최 부잣집. 서울대학교 의과대학의 전신인 경성 의학전문학교를 마치고 일본 나고야대학에서 의학사 학위를 받은 엘리트였지만 평생 아프고 힘든 환자들을 위해 살다 간 장기려 박사. 독립운동가로 일하고 나라를 위한 사업가로 살다가 당시 407억 원, 지금으로 따지면 6천억 원이 넘는 재산을 사회에 환원한 유일한 회장.

이렇게 자신의 명예를 지킬 줄 아는 위인들의 모습을 통해 이 세상이 바르게 흘러갈 수 있다.

제주도를
사랑할 수밖에 없는 이유

제주도는 양파 같다. 예전의 제주도여행을 한다면 한 두 번 다녀오면 "뭐 하러 제주도를 몇 번씩 가냐!"하는 소리를 들었지만 지금 제주도는 테마별로 다녀도 좋을 만큼 다양한 체험과 즐길 거리, 힐링을 선사하고 있다. 가족여행으로 끈끈한 정을 느낄 수도 있고, 부모님과 같이 효도여행으로도 좋지만 연인, 친구 등과 같이 여행과 혼자서도 다닐 수 있는 여행지로 탈바꿈했다.

숲 트레킹

제주도에서 올레길 열풍이 지나간 후에도 사람들은 마음의 여유를 느낄 수 있도록 걸어서 생각할 수 있는 장소를 선호했다. 사려니숲길과 비자림, 휴양림 등을 찾아다닌다. 최근에는 생각하는 숲길, 한라수목원 등 더욱 많은 곳을 찾아 걸으면서 피톤치드 향을 맡으며 숲과 함께 치유하기를 선호한다.

개인적으로 숲길을 걷거나 오름을 돌아다니면서 시간을 보내는 제주도 여행을 가장 좋아하는 편이다. 나무와 바람을 옆에 끼고 걸으면서 풍경을 바라보면 마음이 여유로워지고 긍정적인 사고를 찾게 되어 좋다.

오름

분화구가 있는 작은 기생화산을 말하는 제주도어가 '오름'이다. 제주도에는 오름이 약 400여개가 있다고 하는데 한라산을 빼고 주위에 톡 튀어 나와있는 언덕을 오름이라고 생각하면 된다. 최근에는 카메라를 들고 오름을 올라가 사진을 찍는 전문가들도 많을 정도이다.

거문오름은 제주도에서 3번째로 세계자연유산에 이름을 올린 곳이라 인기가 높다. 다랑쉬오름은 오름이 밀집되어 있는 제주도 동쪽지역에서 가장 유명하다. 또한 용눈이 오름에서는 정상에 오르면 우도와 인근의 다른 오름들이 보인다.

재래시장

시장에 가면 사람 사는 냄새가 난다고 한다. 제주도의 대표적인 재래시장인 동문재래시장과 서귀포매일올레시장을 걸어 다니면서 상인들과 이야기하면서 물건의 가격도 흥정하고 옛 정을 느낄 수 있는 물건들과 다양한 먹거리를 즐길 수 있다. 특히 오메기떡이나 회 한 접시, 흑돼지 오겹살을 필두로 갈치, 옥돔, 고등어 등은 언제나 만날 수 있다.

다양한 색의 해변

공항에서 가까운 협재, 함덕 해변부터 다양한 카페들이 모여 있는 월정리 해변, 김녕 해수욕장이나 서귀포시의 중문, 표선해수욕장들이 유명하다. 대한민국에서 가장 남쪽에 있는 따뜻한 해안은 에메랄드빛부터 코랄드빛까지 다양한 색으로 관광객을 끌어당긴다. 하얀 백사장부터 삼양 검은 모래해변까지 이국적인 풍경으로 색다른 매력을 선사한다.

박물관 & 미술관 여행

제주에는 정말 다양한 아기자기한 박물관과 미술관이 즐비하다. 단순하게 걷고 바다를 보고 하는 여행이 아닌 정통 제주 박물관과 미술관부터 유명한 테디베어나 스누피를 테마로 만든 박물관, 이중섭 미술관까지 보고 싶고 즐기고 싶은 박물관과 미술관이 많다.

다양한 건축

제주도는 화강암으로 만들어진 돌하르방부터 바람을 막기 위해 만든 옛 가옥까지 범상치 않다. 최근에 건축가 이타미 준과 일본의 가우디라고 평가를 받고 있는 안도 다다오의 건축물인 비오토피아, 방주교회, 본태박물관, 섭지코지에서 만날 수 있다. 그런데 제주도를 돌아다니면서 느끼는 건물이 아름답다고 생각한다. 특히 제주 관아는 옛 모습을 볼 수 있고, 제주도 박물관도 중앙의 원반의 모습이 아름답다. 어디서든 만나는 특이한 모습의 카페들도 인상적이다.

골목에서 만나는 벽화들

대표적인 두맹이 골목이나 신천리 아트빌리지, 김녕금속 공예 벽화마을이 있지만 걷다가 만나는 거리의 벽화는 신선한 이미지를 선사한다. 더군다나 벽화마을이 아니지만 그려진 벽화들의 다양한 소재와 옛 정취를 느끼도록 그려진 그림들이 발길을 멈추게 만들고 그리운 옛 시절로 돌아가도록 만들어준다.

자전거 & 스쿠터(오토바이)

걷는 제주도 여행이 2010년대에 열풍을 이끌었다면 최근에는 자전거와 스쿠터로 속도를 높여 여행하는 방식이 많아졌다. 이동하는 코스가 정해진 것이 아닌 자신이 선택한 길로 다니면서 만족도가 높아지고 기동력이 좋아져 여행기간이 짧은 여행자들이 선호하게 되었다.

자전거나 오토바이는 같이 마음이 맞는 사람들과 함께 여행할 수도 있고 홀로 다니면서 생각하고 고독을 즐길 수도 있다. 개인적으로 바람을 뚫고 다리의 힘으로 나아가는 자전거 여행이 살아있다는 느낌을 받아서 좋다.

JEJU

녹차 & 커피

제주도에는 아기자기한 카페들이 해안 도로를 따라 늘어가던 시기가 있었다. 나중에는 너무 난립하는 것이 아닌가 생각이 들 정도로 많아지면서 카페에 흥미가 떨어지던 때도 있었다. 하지만 커피 맛을 앞세운 유동커피나 풍림다방 같은 카페가 늘어나면서 카페를 찾아가는 여행도 단순히 사진을 찍는 것이 아닌 맛과 함께 즐길 수 있게 되었다.

초록이 펼쳐진 녹차 밭을 보고 사람들은 힐링을 느낀다. 그 속에서 마시는 녹차는 마음의 안정을 가져다 준다. 그 한 가운데에 제주도의 오설록 녹차 뮤지엄을 선두로 다희연 등을 찾고 있다.

달라졌을까?

인생을 살면서 후회하는 행동이나 인생사의 커다란 일을 생각하면 그때 다른 행동을 했다면 선택을 했다면 "나의 인생은 좀 달라졌을까?" 문득 궁금했다. 스스로 나를, 외로운 나를 만들었지만 그런 생각은 없어지지 않았다.

혼자서 한 달 살기를 하면서 지금에 와서 후회를 하면 뭐 하겠니? 다시 그때로 돌아가면 달라졌을까? 한 번 다시, 주위 사람들에게 이해하고 다른 행동을 하고 살았다면, 예전에 그녀에게(그에게) 다시 바라봤다면 그립지는 않을까? 하게 된다.

사람들은 살면서 많은 후회를 하고, 그때로 돌아간다면 달라졌을까? 라는 생각을 하게 되지만 결국 바쁘게 삶에 지쳐가면서 살아가는 것을 후회한다. 또한 욕심에 인생이 나락으로

떨어진 많은 사람들도 물질적인 풍요를 따라가면 좋아질 것이라는 환상에 빠져 살았던 삶을 후회할 수밖에 없다.

그럼 이제와 후회한다고 다시 그때로 돌아간다고 바뀌는 것도 아닌데, 생각을 뭐하러하냐고 묻는다면 "그렇게 자신에게 묻는 질문들이 자신을 찾게 되는 첫걸음일 수도 있다."고 이야기 한다.

후회로 점철된 인생을 떠올린다고 달라지지는 않아도, 이번 생은 처음이라서 망했다! 라고 생각한 인생도 다시 생각해본다. 사람의 인생이 반드시 물질적으로 풍요해도 정신적으로 피폐하다면 그 인생도 결국 실패한 인생이다.

우리는 한 달 살기를 한다고 내 인생이 달라질 것이라는 생각을 하지 않는다. 하지만 자신을 돌아보는 시간이 없다면 언젠가는 다시 걸음을 멈추고 인생을 생각해야 하는 시간은 반드시 돌아온다. 한 달 살기로 너무 넉넉한 자신을 돌아볼 수 있는 시간이 생겼다면 외로운

시간을 가지면서 자신을 돌아봐야 한다. 누구나 자신의 인생은 소중하다. 물질적으로 풍요롭지 않아도 뒤떨어진 나에게도 인생은 소중하다.

1등에게만 인생은 소중하고, 사회에서 물질적으로 성공을 거두었다고 하는 사람의 인생은 소중하지 않다. 실패로 점철되어도 모든 사람의 인생은 소중하고 더 좋아질 수 있다는 희망을 다시 갖게 되는 시간이 필요하다.

한 달 살기를 하면서 전 세계를 다녀보았다. 동남아시아가 저렴한 물가에 살기에 편하다고 한 달 살기의 성지라는 단어까지 써 가면서 오랜 시간을 여행하지만 나는 세상과 단절된 사막에서, 사람이 한명도 지나가지 않는 시골구석에서, 오랜 시간을 보내면서 나에게 질문을 하게 되는 단조로운 일상에서 나에게 물어보면서 시간을 보내고 다시 돌아왔다. 누군가가 한 달 살기를 한다면 자신에게 질문하는 시간을 가져볼 것을 권한다.

울다 지쳐 잠 들어도, 스스로 나를 외롭게 만든다고 해도 …

다시 그때로 돌아가도 "달라졌을까?"
달라지지 않는다.

하지만 나의 인생은 소중하고 달라질 수 있다는 믿음으로 살 수 있다.

두 마리의 당나귀

한 남자가 두 마리의 당나귀의 등에 짐을 싣고 먼 길을 떠나고 있었다. 길은 언제나 다니는 길이었고 당나귀들이 등에 지고 있는 짐의 크기와 무게도 평소와 마찬가지여서 별문제 없이 가고 있었다. 그런데 언제나 이 정도 무게의 짐과 이 정도 거리의 길을 거뜬히 걸어가던 당나귀 중 한 마리가 금방 지쳐 헐떡거렸다.

지친 당나귀가 다른 당나귀에게 부탁했다.

"내가 오늘 무언가를 잘못 먹은 것 같아서 배가 아프고 너무 힘들어서 도저히 짐을 지고 걸을 수가 없을 것 같은데 내 짐을 조금만 덜어가 줄 수 없을까?"

사실 다른 당나귀는 아픈 당나귀의 짐을 모두 지고 갈 수 있을 만큼 건강했지만 좀 더 귀찮아지고 힘들어지는 것이 싫어서 거절했다. 결국 아픈 당나귀는 얼마 못 가서 눈에 띄게 휘청거리며 비틀거리기 시작했다. 그제야 당나귀 한 마리의 상태가 이상하다는 것을 깨달은 남자는 난감해하며 아픈 당나귀의 짐을 모두 풀었다.
그리고 풀어낸 짐의 일부는 자신이 짊어지고 남은 짐은 전부 건강한 당나귀의 등에 실어버렸다. 결국 아픈 친구의 부탁을 매몰차게 거절한 당나귀는 울상이 된 채 도착지까지 큰 고생을 하게 되었다.

누군가 힘겨워할 때 모른 척 넘어간다면 당신도 언제인가 힘겨워할 때 아무도 함께 하려 하지 않을 것이다. 서로 돕고 보살펴야 쉬워진다. 혼자만 잘 살려다가 결국은 고난이 왔을 때 누구의 도움도 없이 혼자 지게 된다는 사실을 알아야 한다.

마음의 고뇌를 없애는 방법

한 스승의 마지막 수업 날이었다. 스승은 제자들을 데리고 들판으로 나가 빙 둘러앉게 했다. 그리고 제자들에게 물었다.

"지금 우리가 앉아 있는 이 들판에는 잡초가 가득하다.
어떻게 하면 이 잡초들을 없앨 수 있느냐?"

평소에 생각해 보지 않은 질문이었기에 제자들은 깊이 있게 생각하지 않고, 건성으로 대답하기 시작했다.

"삽으로 땅을 갈아엎으면 됩니다."
"불로 태워버리면 깨끗이 없앨 수 있을 것 같습니다."
"뿌리째 뽑아 버리면 됩니다."

제자들의 모든 대답을 경청한 스승은 제자들을 바라보며 말했다.
"이것이 너희들을 향한 나의 마지막 수업이다.

이제 집으로 돌아가 각자가 말했던 대로
자신의 마음에 있는 잡초를 없애 보아라.
만약 잡초를 없애지 못했다면 1년 뒤
다시 이곳에서 만나도록 하자."

어느덧 1년이 흘렀다. 제자들은 무성하게 자란 자기 마음속 잡초 때문에 고민하다가 약속했던 그곳으로 모였다. 그런데 잡초로 가득했던 그 들판이 곡식으로 가득한 밭이 되어 있었다. 그리고 들판 한편에 이런 팻말 하나가 꽂혀 있었다.

"들판의 잡초를 없애는 방법 중 가장 좋은 방법은
그 자리에 곡식을 심고 관리하는 것이다.
마찬가지로 마음속에 자라는 잡초 또한 선한 마음으로
어떤 일을 실천할 때 뽑아낼 수 있다."

이기심, 미움, 욕심, 허영, 시기 대신 이타심, 사랑, 인애, 겸손, 존중을 심어 보자. 그러면 어느새 무성했던 마음의 잡초는 사라지고 평안과 기쁨이 찾아올 것이다.

ABOUT
한 달 살기

준비한 만큼 느낀다.

어렵게 결심한 한 달 살기임에도 불구하고 여행자에 대한 별다른 공부나 준비 없이 떠나는 한 달 살기가 의외로 많다. 그러 짐 하나 달랑 들고 "어떻게 되겠지?"하면서 배짱 좋게 떠나는 자의 한 달 살기는 불안하다.

막상 도착하고 나면 어찌해야 될지 난감하고, 남들 가는 대로의 유명 관광지를 보면서 여행과 차이가 없는 한 달 살기를 하면서 정신적으로 헤매기 일쑤이다. 그만큼 보면서 알게 되거나 이해하는 것에 한정이 될 수밖에 없다. 이런 배짱만 남는 한 달 살기로 발길 닿는 대로, 마음 가는 대로 여행을 하는 건지, 한 달 살기를 하는 건지 모르게 된다.

낭만적으로 들리는 방랑 한 달 살기를 들으며 어렵게 떠나온 한 달 살기는 무의미한 고행으로 만들 수도 있다. 대한민국에서의 일상에서 벗어나 한적한 길을 걷거나 발길 닿는 대로 돌아다니는 낭만스러운 일탈도 준비해 온 정보나 마음에 여유를 가지고 낯선 곳에서 느긋하게 지낼 수 있다.

마음속으로 당당하자.

세계 곳곳에서 살고 있는 디지털 노마드Digital Nomad들의 한 달 살기를 보면 최근의 유행처럼 한 달 살기 뒤에 자극적으로 장기여행을 떠나는 한 달 살기가 많아지고 있다. 한 달 살기를 떠나기 전에 당당한 마음을 가지고 떠나야 한다. 자신을 향한 긍지와 자부심을 가지고 있어야 한다. 스스로의 행동에 대해 책임을 질 줄 알아야 하며 당당해야 한다. 그럴 수 없다면 자기만의 자유를 누리는 것이 더 나을 수 있다.

한 달 살기에서 그저 스쳐 지나갈 수 있는 현지인들을 소중한 인연으로 바꿔주고 당당하게 지내는 당신은 자신도 모르는 자아를 상대방에게 보여줄 수 있다.

만남은 소중히

한 달 살기 동안 낯선 곳에서의 자유와 감미로운 고독, 이국적인 풍경 앞에서 느끼는 감동도 좋지만 현지인과의 만남이 더욱 소중하다. 길을 걷다가 만난 친절한 사람과의 만남, 뚝뚝이나 기차 안에서 만난 이들과의 만남, 낯선 곳에서 헤매다 우연히 도와준 이들과의 만남은 나에게 더욱 소중하다.

여행을 하면서 맺게 되는 이런 우연한 만남과 이별은 하나하나 한 달 살기 동안 가슴 속에 추억이 될 것이다. 아무리 혼자만의 한 달 살기를 즐기는 것을 좋아한다고 하더라도 아무 만남이 없는 한 달 살기가 끝까지 계속되면 지속되기 힘들 것이다.

어떤 이에게는 악몽 같은 장소라는 기억이라도 자신에게 아름답고 가슴 뿌듯한 추억의 장소가 될 수 있는 것도 누구와의 만남을 통해 추억이 쌓이기 때문이다. 누구에게나 당신에게 좋은 동반자로, 인생의 친구가 될 수 있다.

아프면 서럽다.

낯선 곳에서 혼자 한 달 살기 동안 지낸다면 결국 믿을 수 있는 존재는 자기 자신이다. 모든 상황에 대한 판단은 스스로 하고 한 달 살기 동안 건강도 스스로 알아서 잘 관리해야 한다. 아파서 병원에 가고 해외에서 지내면 스스로 손해이다. 그래서 아침에는 일정하게 일어나는 시간을 정해 가벼운 운동을 하거나 산책을 하면서 하루를 시작하는 방법이 좋은 컨디션 유지를 하면서 지낼 수 있다.

동남아시아는 더위로 쉽게 피로해지고 무기력해질 수 있으므로 체력 관리에 더 신경을 써야 한다. 햇볕이 강해 피로가 더 빨리 올 수 있다. 몸 상태가 안 좋다면 무리하게 지속하지 말고 하루 정도는 쉬면서 건강을 챙기는 것이 중요하다.

1주일에 하루는 아무 생각 없이 편히 쉬면서 마음의 여유를 가져 보기도 하고, 자신의 몸을 위해 맛있는 음식으로 영양 보충과 휴식을 취하면서 현명하게 지내는 것이 좋다. 한 달 살기 경비를 아낀다고 부실하게 먹으면서 지내면 몸에 좋지 않다. 다이어트를 하기 위해 한 달 살기를 하는 것은 아니므로 충분한 영양 보충은 필수이다.

편하게 입고 다니자.

한 달 살기를 하면 자신에게 편한 복장으로 다니면서 누군가의 눈치를 보지 않는 것이 좋다. 가끔 무시하며 평소대로 복장을 입고 다니는 경우를 보는 데, 한 달 살기는 자신에게 도움이 되기 위해 한다는 사실을 인지하자.

명품을 입고 다니든지, 화려하게 입고 다니는 것은 불필요하다. 불편하기도 하고 행동의 제약을 받게 된다. 옷이 편해야 한 달 살기 동안 돌아다니기 편해지고 행동도 편해 사고도 유연해진다.

책 읽는 한 달 살기

한 달 살기를 하다보면 의외로 기다리는 시간이나 지루한 시간이 반드시 발생한다. 무료한 시간을 보내는 한 달 살기로 지루하다는 이야기도 많다. 평소에 읽지 못한 책을 가지고 와 지루할 때 카페에서 책을 읽으며 여정을 정리하기도 하고 스마트폰만 보지 말고 책을 읽으며 창밖 풍경을 보고 생각에 골똘하는 순간도 경험해 보자.

한 달 살기를 끝내는 순간이 오면 의외로 인상적인 장면은 책을 읽어서 자신을 채웠던 그 순간이 될 수 있다. 햇살이 따사로이 비치는 카페에 기대어 책을 읽으며 자신을 채운 순간이 모여 한 달 살기를 끝내고 돌아갔을 때 의외로 기억에 남으면서 도움이 되는 순간이 많았던 것으로 기억한다.

긍정적인 마인드

한 달 살기를 하면 예상하지 못한 돌발 상황이 발생한다. 없는 돈 아껴 모아서 한 달 살기를 하려고 왔는데 소매치기를 당하기도 하고 여권을 잃어버리기도 한다. 허망한 생각과 함께 기억하고 싶지 않은 순간이 머리 속을 맴돈다. "바보처럼 왜 이런 일이 발생한 것인가?"라는 자책도 하게 된다.

그만 포기하고 돌아갈 것이 아니라면 혼자 속상해 하고 고민하지 않는 것이 현명하다. 생각이 안 좋은 순간으로 머물러 버리면 자신만 손해이다. 오히려 나중에 친구들에게 이야기할 에피소드가 생겼다고 긍정적인 마인드를 가지고 나쁜 생각을 잊을 수 있는 이벤트를 가지는 것이 좋을 수 있다. 맛집에서 먹고 싶은 음식으로 기분이 좋아지는 것도 추천한다.

당장 힘들겠지만 난관을 잘 극복해 나가 오히려 한 달 살기를 잘 끝내면서 인생의 지혜와 소중한 경험을 얻게 될 수도 있다.

하고 싶은 테마를 정하자.

한 달 동안 한 도시를 여행한다면 의외로 지루하다. 1주일 정도만 신기해 보인다. 제주도의 아름다운 바다나 산도 오래 지속되지 못한다. 그래서 나중에 지루하다고 불평하는 사람도 많다. 별다른 생각 없이 기대만 잔뜩 가지고 한 달 살기를 시작하면 처음의 기대감은 시간이 지나면서 시들해진다. 눈으로 보는 풍경이 아름다워도 순간은 오래 지속되지 못한다.

다양한 관심과 호기심으로 자신이 배우고 싶은 것들을 다른 이들과 함께 배우면 배운다는 기대감과 친구들을 사귈 수 있어서 지루해지지 않는다. 풍경이나 관광지를 보러 다니는 단순한 것보다 자신의 관심거리나 취미, 배우고 싶은 테마를 정해 한 달 살기를 하면 더욱 의미 있을 것이다.

추억을 남기자.

현대인에게 다양한 추억을 남길 수 있는 방법은 많다. 아날로그 방식의 일기나 수첩에 적을 수도 있고 SNS에 떠오르는 생각이나 느낌을 적어 소통할 수도 있다. 자신이 하루에 나눈 대화나 느낀 감동, 만난 사람들과의 느낌이나 에피소드를 적는 것도 좋다. 최근에 활발한 유튜브로 영상을 올려 소통하거나 스케치를 하면서 자신의 느낌을 그릴 수도 있다.

한 달 살기 동안 당신이 느끼는 감정이나 감동, 느끼는 순간의 기록은 동일한 장소나 명소에도 다르다. 그 기록은 당신의 인생에 귀중한 기억으로 남는다. 시간이 지나 가끔 보게 되면 추억을 떠올리는 소중한 순간을 만끽할 수 있다.

JEJU

인생에서 위기를 겪고 싶은 사람은 없습니다.
하지만 우리는 위기 없이 인생을 살 수도 없죠? 그래서 우리는 꿈을 꿉니다.
꿈은 고통을 없애주는 효능이 있거든요.
한 달 살기를 하면서 자신의 상처를 치유하고 용기를 갖고 싶어요.
인생의 선물을 안겨줄 어딘 가로 떠나려고 합니다!

한 달 살기를 보장하는 Best 4

믿을 만한 숙소 선택

한 달 살기를 계획하면서 가장 중요하고 걱정하는 것이 숙소 문제이다. 항공권을 찾는다면 가장 저렴한 것을 찾는 것이 중요할 것이다. 그런데 숙소는 다르다. 무조건 저렴하다고 해서 자신에게 좋은 것이 아니다.

항공권 구입은 대부분의 장기 이동에서 거의 비슷한 조건의 항공사들이 경쟁한다. 반대로 숙소는 아파트, 호텔 등의 종류가 다르고, 시내 중심인지, 외곽인지 등의 위치가 다르냐에 따라 숙소 가격이 달라진다. 그래서 한 달 살기 예산을 최대한 아껴 숙소를 찾는다고 만족할 수 없는 문제가 발생한다. 무조건 저렴하다는 이유만으로 숙소를 선택하는 것은 지양하는 것이 좋다.

특히 가정집은 숙소가 노후화되었기 때문에 내부의 사진과 리뷰를 확인하는 것이 중요하다. 또한 인적이 드문 곳의 숙소는 치안에 취약할 가능성이 발생한다. 장기 렌트를 하는 경우에 가격이 저렴하다고 무조건 예약하기보다, 2~3일을 예약하고 현지에 도착하여 집이나 아파트를 보고 1달 정도의 기간 동안 머물 숙소를 결정하라고 추천한다. 그것이 어렵다면 숙소의 정보나 이용자 후기 등을 꼼꼼하게 확인하고 숙소를 선택해야 한다.

현지에서 경험할 수 있는 클래스 찾기

유럽에서 한 달 살기를 한다면 도시마다 볼 것들이 많아서 한 동안 도시를 구경만 해도 행복하다. 도시를 보면서 내가 무엇을 해야 할지 결정할 수 있다. 반대로 제주도에서 한 달 살기를 한다면 현지에서 참가할 수 있는 클래스를 수강하라고 권한다.

제주도가 한 달 살기의 성지처럼 이야기 하는 것 중에 초콜릿이나 쿠킹 클레스 같이 배울 수 있는 저렴한 기회가 많기 때문이다. 바다가 가깝다면 서핑같은 해양 스포츠를 배워보라고 추천한다. 집중력 있게 배우면서 시간도 빨리 지나가고 무엇을 배우므로 무료하지 않고 친구들을 자연스럽게 사귈 수 있어 낯선 여행지에서의 한 달을 알차게 보낼 수 있다.

비상 자금 준비

한 달 살기는 의외로 장기 여행이다. 한 달 살기를 하다보면 의외로 여러 가지 상황이 많이 발생한다. 혹시 모를 상황을 대비해 비상 자금을 준비해 다른 통장에 체크카드로 가지고 있는 것이 좋다. 비상 상황을 대비하여 약 7~8일 정도의 생활비를 준비하고, 결제 가능한 신용카드는 추가로 준비하자. 난감한 상황에 빠진다면 한 달 살기는 악몽이 될 수도 있다.

여행자보험

한 달 살기를 하면서 도시에만 머물기 때문에 사고가 발생할 가능성이 없다고 판단할 수 있다. 그런데 여행 기간이 길어지면 사고의 발생 위험이 높아지는 것은 당연할 것이다. 의외로 질병이 발생할 수 있고, 해양스포츠 등을 배우면 상해를 당할 수도 있다. 마지막으로 가끔은 휴대품 도난 등의 상황이 발생할 수 있다.

포스트 코로나 시대
뉴노멀, 한 달 살기 제주

모파상의 묘비명

19세기 후반의 프랑스의 소설가 모파상은 '여자의 일생', '벨라미', '죽음처럼 강하다'와 같은 인생의 참된 가치를 일깨우는 소설들로 명성을 얻은 작가이다. 그는 타고난 재능으로 쓰는 작품마다 베스트셀러가 되었고, 커다란 부와 명예를 거머쥐었다.

그의 삶은 누구나가 부러워할 만한 것이었다. 지중해에 요트가 있었고, 노르망디에 저택과 파리에는 호화 아파트도 있었다. 그리고 은행에도 많은 돈이 예금되어 있었다. 하지만 그는 1892년 1월 1일 아침, 더 이상 살아야 할 이유를 찾지 못하고 자살을 시도했다.

가까스로 목숨을 구했지만, 정신병자가 된 그는 1년 동안 알 수 없는 소리를 지르다가 43세를 일기로 인생을 마감했다.

그의 묘비에는 그가 말년에 반복해서 했던 말이 기록되어 있다.
"나는 모든 것을 갖고자 했지만,
결국 아무것도 갖지 못했다."

진정한 행복이란 객관적인 조건에 있지 않다.
돈, 명예, 권력…
모든 것이 완벽하다 해도,
모두가 부러워한다 해도,
마음에 만족이 없고 공허하기만 하다면
결국, 아무것도 갖지 못한
삶일 뿐이다.

한 달 살기 마음가짐

한 달 살기를 출발하기 전에 생각해야 할 것이 단기여행과 장기여행과의 차이점이다. 짧은 1주일 이내의 여행은 일상생활에 지장이 많지 않아서 바쁜 생활에 쉬고 싶어 휴양지나 리조트에서 마냥 쉬다가 올 수 있다. 하지만 1달 이상을 여행하려면 일상생활에 지장이 없을 수 없다. 또한 단순히 아무것도 안 하고 지낼 수는 없다. 그러므로 사전에 무엇을 할지, 어떻게 지낼지에 대해 생각을 하고 출발하는 것이 지루하지 않은 자신에게 도움이 되는 한 달 살기가 된다.

받아들이기

모든 한 달 살기를 하려는 사람들의 환경은 다르다. 한 달 살기에서 똑똑하다고 한 달 살기를 잘하는 것도 아니다. 한 달 살기는 현지의 환경에서 지속적으로 적응하려는 노력이 필요한 긴 여정임을 이해해야 한다.

현지의 환경에 불만을 가지면 가질수록 현지생활에 균형을 맞추지 못하고 심한 압박이 올 수 있다. 대부분의 스트레스는 '자신이 상황을 어떻게 받아들이는가?'가 중요하다. 대한민국에서 생활한 환경을 한 달 살기를 하기 위한 도시에 똑같이 적용하려고 하면 한 달 살기는 재미있지도 적응하기도 쉽지 않다. 이것은 일종의 '강박관념' 같을 수 있다. 스트레스가 내면에서 오는 것임을 이해하면 상황을 대처하는 데 여유를 가지고 잘 대처할 수 있다.

명확한 선 긋기

한 달 살기라고 매일 늦잠을 자고 무료하게 지내는 것은 쉽지 않다. 1주일은 무료하게 늦잠을 자고 술을 마시고 지낼 수 있지만 1달 내내 그렇게 지낼 수는 없다. 자기 자신과 쉬는 시간의 범위에 대해서 틀을 정하고 지키려고 노력하는 것이 중요하다. 예를 들면 7시에는 무조건 기상, 집 근처나 새로운 지역을 살펴보는 것은 10시부터 5시까지만, 야경은 매주 수요일에만, 댄스나 요가 등 배우기와 같은 것이다.

시간에 대한 범위를 정했으면 한 달 살기 동안 SNS에 공유하는 것도 하나의 방법이다. 아니면 비밀 공유 공간에 나와 생각이 비슷한 사람들과 SNS에서 대화하면서 피드백을 받고 지지를 받을 수 있다면 더욱 좋다. 한 달 살기에서 무료한 시간이 발생할 수 있고 긴급한 상황이 발생할 수도 있다. 누군가 나를 위해 도와줘야 하는 예외상황 또는 긴급 상황에 대해 도움을 받을 공간도 중요하다.

느슨한 한 달 살기 생활의 목표를 세우자.

'균형'이란 말은 반대되는 두 힘이 서로 힘겨루기 하는 것을 의미한다. 개인적으로 한 달 살기 동안 무엇을 하고 싶은지에 대해서 스스로 모른다면 끝없는 무료함의 함정에 빠져 허우적댈 가능성이 높다.

한 달 살기도 느슨한 목표달성의 기준이 있어야 무료해지지 않는다. 무엇인가를 끝내야 하는 시점을 모를 가능성이 높고, 마찬가지로 개인적인 관심사나 목표가 구체적으로 정의되지 않으면 시간의 무료함에 밀려 1달이라는 기간에 소홀해질 수밖에 없을 것이다.

개인적인 목표를 구분하고 현실적인 한 달 살기 목표를 세워 제한된 시간 안에 자신만의 우선순위를 가지고 잘 분배하는 것이 꼭 필요하다. 나는 맛있는 음식을 먹으면서 활력을 얻기 때문에, 매주 한 번은 주말여행을 떠나거나 현지 친구를 사귀어 그들과 새로운 식당을 가는 것, 한 달 살기에 목표로 잡고 균형을 맞추려고 노력하는 것이 중요하다.

방해요소의 최소화

24시간을 놀 생각이 아니라면 무엇을 배우는 시간을 어떻게 효율적으로 사용할지 계획을 세워야 한다. 시간을 자신이 원하는 대로 계획하면 안 된다. 어차피 완수할 수 없는 목표이다. 숙소에서 있는 시간과 외부에서 지내는 시간을 조화를 이루도록 해야 한다.

집에서는 노트북을 사용하지 말고 카페나 밖에서 사진 편집, 글쓰기 등 개인적인 일에 집중할 수 있도록 한다. 그렇지 않으면 숙소에서 2~3일을 지내기도 하기 때문에 한 달 살기를 하는 것인지, 해외에서 무료하게 시간 낭비를 하는 것인지 모를 수도 있다. 가끔씩 무료해진다고 생각한다면 아이쇼핑이나 시장 구경을 하면서 현지 사람들은 어떻게 살아가는지 관찰해 보는 것도 좋은 방법이다.

도움을 구하라.

한 달 살기를 하면서 모든 순간을 혼자 지내려고 하면 외롭게 된다. 모든 것을 혼자 처리하려고 할 필요도 없고 완벽해지려고 할 필요도 없다. 내가 누군가와 사귀면서 새로운 활력을 받으면서 그들의 도움이 필요하다는 것을 인정하는 것이 편리하다. 사소한 것에 도움을 받으면  서 배우기도 하고 도움을 주는 존재가 될 수 있기 때문에 혼자서 지내면서 고립되어 한 달 살기를 하는 것은 추천하지 않는다. 다른 사람들에게 도움을 청할 수 있도록 연습하는 것이 내가 한 달 살기에서 배운 교훈 중에 가장 가치 있는 것이었다.

충분한 식사와 수면시간을 확보하라

스트레스는 뇌로부터 오는 것이기 때문에, 뇌를 최적의 상태로 유지할 필요가 있는데 가장 좋은 방법은 잘 먹고, 잘 자는 것이다.

내일 일하러 가지 않는다고 무작정 밤을 새거나 늦게까지 놀러 다니면 의외로 스트레스가 된다.

잠자는 시간을 일정하게 유지하고, 적당한 운동과 충분한 식사가 효과적이다. 매일 8시간 정도의 수면시간을 유지하는 것은 다음 날 일정뿐 아니라 한 달 살기를 하다보면 발생하는 크고 작은 돌발 상황을 수월하게 해낼 수 있도록 도와준다.

되돌아보는 시간 가지기

자신의 지난 인생에 대해 생각해보면 의외로 제대로 떠올릴 수 없을 때가 많다. 이런 이유는 시간을 균형 있게 보내지 못했기 때문이다. 단순히 시간을 하루, 일주일, 한 달 이렇게 흘러가는 대로 두기보다는 기억에 남을만한 순간들을 남기고 시간을 감사하게 여기며 살면 후회는 적어진다.

한 달 살기에서 무작정 아무것도 안 하는 생활보다는 자신을 위한 생활을 해야 하는 데 가장 좋은 방법은 글쓰기와 일기 쓰기. 사진과 동영상을 이용해 남기는 것도 좋다. 언젠가 다시 한 달 살기를 추억할 날이 오게 된다. 그때 예전 추억들을 되돌아볼 때, 흐뭇한 웃음을 짓게 만들 것이다.

준비하는 삶

한 농부가 열심히 농장을 운영하고 있었다. 노력이 통했는지 농장은 규모가 점점 커졌다. 점점 숫자가 늘어난 가축들과 넓어진 밭을 더 이상 혼자 관리하기 어려워진 농부는 농장일을 도울 사람을 모집했다. 하지만 힘든 농장 일에 지원하는 사람은 없었는데 고민하던 농부에게 드디어 한 명의 지원자가 나타났다.

농부는 그 지원자에게 당신의 장점이 무엇인지 물었는데 그 대답이 조금 이상했다.

"저는 태풍이 몰아치든 눈보라가 몰아치든
아주 편안하게 잠을 잘 잡니다."

도대체 그것이 무슨 장점인지 의아해했지만 일손이 너무 급했던 농부는 그 사람을 채용해서 함께 일하게 되었다. 새로 채용된 사람은 다행히 일을 성실히 해서 농부는 안심할 수 있었다. 그런데 어느 날 폭풍이 농장을 덮쳤습니다. 밭이 물에 잠겨버릴 것 같은 폭우와 축사 지붕을 날려버릴 것 같은 거센 바람에 깜짝 놀란 농부는 서둘러 농장으로 갔다.

그런데 농장에서 일하는 사람은 너무 편하게 숙소에서 쿨쿨 자고 있었다. 당황한 농부가 그 사람을 깨우려 했지만 잠에 취해서 일어나지 않았다. 농부는 머리끝까지 화가 났지만 당장 축사와 밭이 걱정되어 혼자 밖으로 달려 나갔다.

그런데 축사 지붕은 이미 단단하게 묶여 있었고, 밭 주변에는 배수로가 깊게 만들어져 태풍으로부터 피해가 없었다. 농부는 면접 당시에 언제든지 편안하게 잠을 잘 수 있는 사람이라고 말했던 그 뜻이 언제든지 편히 잠을 잘 수 있도록 철저히 준비하는 사람이라는 것을 알게 되었다.

많은 사람들이 다양한 걱정을 하면서 살아가고 있다. 그런데 그 많은 걱정들의 대부분은 아직 벌어지지도 않은 일에 대한 걱정이다. 말하자면 대부분의 걱정거리는 미리 적절하게 충분히 대비할 수만 있다면 걱정할 필요가 없다.

한 달 살기
제   주

솔직한 한 달 살기

요즈음, 마음에 꼭 드는 여행지를 발견하면 자꾸 '한 달만 살아보고 싶다'는 이야기를 많이 듣는다. 그만큼 한 달 살기로 오랜 시간 동안 여유롭게 머물고 싶어 하기 때문이다. 직장생활이든 학교생활이든 일상에서 한 발짝 떨어져 새로운 곳에서 여유로운 일상을 꿈꾸기 때문일 것이다.

최근에는 한 달, 혹은 그 이상의 기간 동안 여행지에 머물며 현지인처럼 일상을 즐기는 '한 달 살기'가 여행의 새로운 트렌드로 자리잡아가고 있다. 천천히 흘러가는 시간 속에서 진정한 여유를 만끽하려고 한다. 그러면서 한 달 동안 생활해야 하므로 물가와 주위에 다양

한 즐길 거리가 있는 제주도가 한 달 살기의 주요 지역으로 주목 받고 있다. 한 달 살기의 가장 큰 장점은 짧은 여행에서는 느낄 수 없었던 색다른 매력을 발견할 수 있다는 것이다.

사실 한 달 살기로 책을 쓰겠다는 생각을 몇 년 전부터 했지만 마음이 따라가지 못했다. 우리의 일반적인 여행이 짧은 기간 동안 자신이 가진 금전 안에서 최대한 관광지를 보면서 많은 경험을 하는 것을 하는 것이 자유여행의 패턴이었다. 하지만 한 달 살기는 확실한 '소확행'을 실천하는 행복을 추구하는 것처럼 보였다. 많은 것을 보지 않아도 느리게 현지의 생활을 알아가는 스스로 만족을 원하는 여행이므로 좋아 보였다. 내가 원하는 장소에서 하루하루를 즐기면서 살아가는 문화와 경험을 즐기는 것은 좋은 여행방식이다.
하지만 많은 도시에서 한 달 살기를 해본 결과 한 달 살기라는 장기 여행의 주제만 있어서

일반적으로 하는 여행은 그대로 두고 시간만 장기로 늘린 여행이 아닌 것인지 의문이 들었다. 현지인들이 가는 식당을 가는 것이 아니고 블로그에 나온 맛집을 찾아가서 사진을 찍고 SNS에 올리는 것은 의문을 가지게 만들었다. 현지인처럼 살아가는 것이 아니라 풍족하게 살고 싶은 것이 한 달 살기인가라는 생각이 강하게 들었다.
현지인들의 생활을 직접 그들과 살아가겠다고 마음을 먹고 살아도 현지인이 되기는 힘들

현지인과의 교감은 없고 맛집 탐방과 SNS에 자랑하듯이 올리는
여행의 새로운 패턴인가, 그냥 새로운 장기 여행을 하는 여행자일 뿐이 아닌가?

다. 여행과 현지에서의 삶은 다르기 때문이다. 단순히 한 달 살기를 하겠다고 해서 그들을 알 수도 없는 것은 동일할 수도 있다. 그래서 한 달 살기가 끝이 나면 언제든 돌아갈 수 있다는 것은 생활이 아닌 여행자만의 대단한 기회이다. 한동안 한 달 살기가 마치 현지인의 문화를 배운다는 것은 거짓말로 느껴졌다.

시간이 지나면서 다시 생각을 해보았다. 어떻게 여행을 하든지 각자의 여행이 스스로에게 행복한 생각을 가지게 한다면 그 여행은 성공한 것이다. 배낭을 들고 현지인들과 교감을 나누면서 배워가고 느낀다고 한 달 살기가 패키지여행이나 관광지를 돌아다니는 여행보다 우월하지도 않다. 한 달 살기를 즐기는 주체인 자신이 행복감을 느끼는 것이 핵심이라

고 결론에 도달했다.

요즈음은 휴식, 모험, 현지인 사귀기, 현지 문화체험 등으로 하나의 여행 주제를 정하고 여행지를 선정하여 해외에서 한 달 살기를 해보면 좋다. 맛집에서 사진 찍는 것을 즐기는 것으로도 한 달 살기는 좋은 선택이 된다. 일상적인 삶에서 벗어나 낯선 여행지에서 오랫동안 소소하게 행복을 느낄 수 있는 한 달 동안 여행을 즐기면서 자신을 돌아보는 것이 한 달 살기의 핵심인 것 같다.

떠나기 전에 자신에게 물어보자!

한 달 살기 여행을 떠나야겠다는 마음이 의외로 간절한 사람들이 많다. 그 마음만 있다면 앞으로의 여행 준비는 그리 어렵지 않다. 천천히 따라가면서 생각해 보고 실행에 옮겨보자.

내가 장기간 떠나려는 목적은 무엇인가?

여행을 떠나면서 배낭여행을 갈 것인지, 패키지여행을 떠날 것인지 결정하는 것은 중요하다. 하물며 장기간 한 달을 해외에서 생활하기 위해서는 목적이 무엇인지 생각해 보는 것이 중요하다. 일을 함에 있어서도 목적을 정하는 것이 계획을 세우는데 가장 기초가 될 것이다.
한 달 살기도 어떤 목적으로 여행을 가는지 분명히 결정해야 질문에 대한 답을 찾을 수 있다. 아무리 아무 것도 하지 않고 지내고 싶다고 할지라도 1주일 이상 아무것도 하지 않고 집에서만 머물 수도 없는 일이다.
휴양, 다양한 엑티비티, 무엇이든 배우기(어학, 요가, 요리 등), 나의 로망여행지에서 살아보기, 내 아이와 함께 제주도에서 보내보기 등등 다양하다.

목표를 과다하게 설정하지 않기

1주일은 제주도에서 사는 것에 익숙해지고 2~3주에 현지에 적응을 하고 4주차에는 돌아올 준비를 하기 때문에 4주 동안이 아니고 2주 정도이다. 하지만 좋은 경험을 해볼 수 있고, 친구를 만들 수 있다. 이렇듯 한 달 살기도 다양한 목적이 있으므로 목적을 생각하면 한 달 살기 준비의 반은 결정되었다고 생각할 수도 있다.

여행지와 여행 시기 정하기

한 달 살기의 목적이 결정되면 가고 싶은 한 달 살기 여행지와 여행 시기를 정해야 한다. 목적에 부합하는 여행지를 선정하고 나서 여행지의 날씨와 자신의 시간을 고려해 여행 시기를 결정한다. 여행지도 성수기와 비수기가 있기에 한 달 살기에서는 여행지와 여행시기의 틀이 결정되어야 세부적인 예산을 정할 수 있다.

한 달 살기의 예산정하기

누구나 여행을 하면 예산이 가장 중요하지만 한 달 살기는 오랜 기간을 여행하는 거라 특히 예산의 사용이 중요하다. 돈이 있어야 장기간 문제가 없이 먹고 자고 한 달 살기를 할 수 있기 때문이다.

한 달 살기는 한 달 동안 한 장소에서 체류하므로 자신이 가진 적정한 예산을 확인하고, 그 예산 안에서 숙소와 한 달 동안의 의식주를 해결해야 한다. 여행의 목적이 정해지면 여행을 할 예산을 결정하는 것은 의외로 어렵지 않다. 또한 여행에서는 항상 변수가 존재하므로 반드시 비상금도 따로 준비를 해 두어야 만약의 상황에 대비를 할 수 있다. 대부분의 사람들이 한 달 살기 이후의 삶도 있기에 자신이 가지고 있는 예산을 초과해서 무리한 계획을 세우지 않는 것이 중요하다.

잠 못 드는 밤~~~
하루를 마칠 수 있는 어둠이 얼마나 소중한지 알게 되었어요.
맞있는 음식도 매일 먹으면 지겹고 사랑도 때로는 지겨울 때가 있습니다.
사랑이 소중하다는 사실은 사랑이 떠나간 후 알게 되어 울고 있네요.
말로 아무리 이야기해도 직접 느끼지 않으면
알 수 없는 게 인생이 아닐까요?

한 달 살기는 삶의 미니멀리즘이다.

요즈음 한 달 살기가 늘어나면서 뜨는 여행의 방식이 아니라 하나의 여행 트렌드로 자리를 잡고 있다. 한 달 살기는 다시 말해 장기여행을 한 도시에서 머물면서 새로운 곳에서 삶을 살아보는 것이다. 삶에 지치거나 지루해지고 권태로울 때 새로운 곳에서 쉽게 다시 삶을 살아보는 것이다. 즉 지금까지의 인생을 돌아보면서 작게 자신을 돌아보고 한 달 후 일상으로 돌아와 인생을 잘 살아보려는 행동의 방식일 수 있다.

삶을 작게 만들어 새로 살아보고 일상에서 필요한 것도 한 달만 살기 위해 짐을 줄여야 하며, 새로운 곳에서 새로운 사람들과의 만남을 통해서 작게나마 자신을 돌아보는 미니멀리즘인 것이다. 집 안의 불필요한 짐을 줄이고 단조롭게 만드는 미니멀리즘이 여행으로 들어와 새로운 여행이 아닌 작은 삶을 떼어내 새로운 장소로 옮겨와 살아보면서 현재 익숙해진 삶을 돌아보게 된다.

다른 사람들과 만나고 새로운 일상이 펼쳐지면서 새로운 일들이 생겨나고 새로운 일들은 예전과 다르게 어떻다는 생각을 하게 되면 왜 그때는 그렇게 행동을 했을 지 생각을 해보게 된다. 한 달 살기에서는 일을 하지 않으니 자신을 새로운 삶에서 생각해보는 시간이 늘어나게 된다.

새로운 음식도 매일 먹어야 하므로 내가 매일 먹는 음식과 크게 동떨어지기보다 비슷한 곳이 편안하다. 또한 원하는 음식들을 쉽고 간편하게 먹을 수 있는 곳이 더 선호될 수 있다.

삶을 단조롭게 살아가기 위해서 바쁘게 돌아가는 대도시보다 소도시를 선호하게 되고 현대적인 도시보다는 옛 정취가 남아있는 그윽한 분위기의 도시를 선호하게 된다. 그러면서도 쉽게 맛있는 음식을 다양하게 먹을 수 있는 식도락이 있는 도시를 선호하게 된다.
그렇게 한 달 살기에서 가장 핫하게 선택된 도시는 제주도가 생각나게 된다.

경험의 시대

소유보다 경험이 중요해졌다. '라이프 스트리머 Life Streamer'라고 하여 인생도 그렇게 산다. 스트리밍 할 수 있는 나의 경험이 중요하다. 삶의 가치를 소유에 두는 것이 아니라 경험에 두기 때문이다.

예전의 여행은 한번 나가서 누구에게 자랑하는 도구 중의 하나였다. 그런데 세상은 바뀌어 원하기만 하면 누구나 여행을 떠날 수 있는 세상이 되었다. 여행도 풍요 속에서 어디를 갈지 고를 것인가가 굉장히 중요한 세상이 되었다. 나의 선택이 중요해지고 내가 어떤 가치관을 가지고 여행을 떠나느냐가 중요해졌다.

개개인의 욕구를 충족시켜주기 위해서는 개개인을 위한 맞춤형 기술이 주가 되고, 사람들은 개개인에게 최적화된 형태로 첨단기술과 개인이 하고 싶은 경험이 연결될 것이다. 경험에서 가장 하고 싶어 하는 것은 여행이다. 그러므로 여행을 도와주는 각종 여행의 기술과 정보가 늘어나고 생활화 될 것이다.

세상을 둘러싼 이야기, 공간, 느낌, 경험, 당신이 여행하는 곳에 관한 경험을 제공한다. 당신이 여행지를 돌아다닐 때 자신이 아는 것들에 대한 것만 보이는 경향이 있다. 그런데 가

끔씩 새로운 것들이 보이기 시작한다. 이때부터 내 안의 호기심이 발동되면서 내 안의 호기심을 발산시키면서 여행이 재미있고 다시 일상으로 돌아올 나를 달라지게 만든다. 나를 찾아가는 공간이 바뀌면 내가 달라진다. 내가 새로운 공간에 적응해야 하기 때문이다. 여행은 새로운 공간으로 나를 이동하여 새로운 경험을 느끼게 해준다. 그러면서 우연한 만남을 기대하게 하는 만들어주는 것이 여행이다.

당신이 만약 여행지를 가면 현지인들을 볼 수 있고 단지 보는 것만으로도 그들의 취향이 당신의 취향과 같을지 다를지를 생각할 수 있다. 세계는 서로 조화되고 당신이 그걸 봤을 때 "나는 이곳을 여행하고 싶어 아니면 다른 여행지를 가고 싶어"라고 생각할 수 있다. 여행지에 가면 세상을 알고 싶고 이야기를 알고 싶은 유혹에 빠지는 마음이 더 강해진다. 우리는 적절한 때에 적절한 여행지를 가서 볼 필요가 있다. 만약 적절한 시기에 적절한 여행지를 만난다면 사람의 인생이 달라질 수도 있다.

여행지에서는 누구든 세상에 깊이 빠져들게 될 것이다. 전 세계 모든 여행지는 사람과 문화를 공유하는 기능이 있다. 누구나 여행지를 갈 수 있다. 막을 수가 없다. 누구나 와서 어떤 여행지든 느끼고 갈 수 있다는 것, 여행하고 나서 자신의 생각을 바꿀 수 있다는 것이 중요하다. 그래서 여행은 건강하게 살아가도록 유지하는 데 필수적이다. 여행지는 여행자에게 나눠주는 로컬만의 문화가 핵심이다.

한 달 살기를 잘 하는 방법은 있을까요? 라고들 물어봅니다.
하지만 어떻게 방법이 있을 수 있겠어요!
다만 자신만의 방법으로 한 달 살기에 대해 이야기를 나눕니다.
자신이 원하는 방식으로 한 달을 지내보세요.
결국 자신의 이야기를 쓰면 됩니다.

도전은 인생을 흥미롭게 만들며,
도전의 극복이 인생을 의미 있게 한다.

− 조슈아 J. 마린 −

시련도 축복이고 기회이다.

미국의 제36대 대통령인 존슨 대통령은 사람을 채용할 때 분명한 기준이 있었다. 그는 너무 이른 나이에 빠르게 출세한 사람과 단 한 번의 실패도 경험하지 않은 사람은 채용을 꺼렸다. 모든 사람들이 다 그런 건 아니지만, 너무 빠르게 출세한 사람은 독선적이기 쉬우며 실패의 경험이 없는 사람은 남의 아픔을 잘 이해하지 못한다고 판단했기 때문이다.

우리는 인생이라는 여정 가운데 늘 순항만 하지는 않는다. 때로는 사나운 바람을 만나기도 하고, 때로는 거친 폭풍우를 만난다. 그 과정에서 뼈를 깎는 고통이 있지만 우리가 끝내 절망하지 않는 건, 결국 그 시련으로 인해 더욱 성장할 것이기 때문이다.

그러니 우리의 인생에 있어 극복할 수 있는 적당한 시련과 실패는 소중한 자산이다.

한 달 살기 무엇을 준비할까?

한 달 살기는 생각보다 긴 시간이다. 2~3일은 그냥 아무것도 안 하고 쉴 수도 있지만 그 이후에는 마냥 먹고 쉬는 것도 쉽지 않다. 그래서 한 달 살기를 하려는 도시는 휴양뿐 아니라 다양한 액티비티, 아름다운 풍경(자연, 건축물 등)가 중요하다. 상대적인 부담이 적어야 매력적인 한 달 살기 장소가 된다.

그래서 한 달 살기로 유명한 제주도는 실제로 친절하고 다정한 사람들, 어느 곳과 견주어도 손색없는 천혜의 자연환경이나 감탄할만한 건축물, 이색적이고 맛있는 음식들, 저렴한 물가가 생각나는 도시이다. 게다가 감성이 넘치다 못해 카페와 레스토랑에서 슬로우 라이프를 즐길 수 있는 천국 같은 곳이다.

나를 찾아 떠나다.

무엇보다도 내일을 위해 열심히 달렸던 자신에게 인생은 어느 정도 즐겨야 한다는 것을 다시 깨닫게 해주었다. 마음속에 숨어있던, 내가 그동안 지나쳤던 생각들이 스물 스물 머리 속에서 자연스럽게 튀어나왔다. 나와 관련된 사람들이나 환경들이 소중했고 감사했다.

한 달 살기에서 더욱 추억에 남을 수 있는 것은 현지인들과 교감을 나누는 것이다. 현지의 사람들과 소소한 행복을 느끼며 현지문화를 경험하고 나를 휘감은 시선 속에서 벗어나 오직 나만을 생각하며, 자유를 느끼고 싶은 사람들에게 한 달 살기를 추천할 만하다.

한 달 살기 예산 짜기

전 세계 어느 나라, 어느 도시나 마찬가지겠지만 한 달 살기 예산이 어느 정도인지 미리 예상해보는 것이 중요하다. 물가는 같은 도시여도 천차만별이라 숙소, 먹거리, 쇼핑 등 개인차에 따라 다르게 된다. 한 달 살기 동안 필요한 예산을 개인의 소비형태나 숙소타입에 따라 적정하게 정하는 것이 좋다.

1. 항공권
최근에 제주도를 가는 저가항공이 많기 때문에 저렴한 항공권을 구하는 것은 어렵지 않다. 제주도 한 달 살기에는 항공권이 차지하는 비중은 작다.

2. 식비
제주도에서 음식은 보통 8,000~15,000원정도이다. 그렇지만 유명 맛집은 20,000~60,000원정도이다. 상대적으로 저렴하다고 느끼지 못하게 된다. 그러므로 무조건 저렴하다는 인식은 없어야 한다. 물가가 비싸도 마트에서 장을 봐와서 숙소에서 요리해 먹는다면 식비는 차이를 느끼지 못할 정도이므로 개인적으로 어떻게 식비를 사용하는 지에 따라 다르다.

3. 숙소
숙소를 구할 때 싸고 좋은 집을 이야기하지만 싸고 좋은 집은 없다. 집의 렌트 비용이 저렴하면 저렴한 이유가 있고, 비싸다면 비싼 이유가 있다.
자신의 숙소비용이 저렴하게 얼마부터 비싼 가격으로 어디까지는 내가 감당할 수 있을지 사전에 결정하고 머물 숙소를 결정해야 한다. 상대적으로 정보가 많아서 숙소에 대해 사전에 검색으로 주소와 전화번호 등을 미리 확인해 둘 수 있다.

필자의 Tip

1. 주로 2~3일을 민박으로 구하고 첫날에 직원과 이야기를 하면서 대략의 감을 잡는다.
2. 현지에서 숙소를 구하는 홈페이지를 알아놓고 검색하여 몇 개를 결정하고 나서 다시 직원에게 물어본다.
3. 직원이 좋고 나쁜지를 알려주면 다시 결정을 하고 전화를 걸어 직접 방문한다.

주의사항

1. 사진은 화려하다?

숙소는 게스트하우스, 민박, 에어비앤비, 홈스테이, 호텔 리조트 등으로 다양한데 한 달살기를 할 경우 에어비앤비나 가정집을 추천한다는 것이 대부분의 한 달 살기 정보이다. 그러나 이렇게 단순하게 생각한다면 문제가 발생하는 경우가 많다. 처음부터 미리 숙소를 1달 동안 예약하고 가면 안 된다. 사진으로 보는 것과 직접 보고 머무는 것은 차이가 크다.

2. 원하는 숙소
처음에는 2~3일의 숙소를 예약하고 가서, 현지의 집을 렌트해주는 홈페이지에서 보고 직접 보고 결정하는 것이 안전하다. 제주도에는 다양한 콘도가 있다. 물이 잘 나오는 지, 친절한 경비가 있는지 등 다양하게 파악해야 한다.

3. 집을 구입한다고 생각하고 알아보자.
한마디로 새로운 집을 보고 들어가서 산다고 생각하면 무엇을 알아봐야 하는 지 알 수 있다. 집 내부도 중요하지만 집이 있는 동네의 환경, 집 주인, 콘도나 아파트라면 경비가 친절한 지, 옆 집은 시끄럽지는 않은 지 등등 봐야할 것들이 많다.

4. 에어비앤비는 상대적으로 비싸다.
에어비앤비 사이트를 통해 미리 금액을 알아볼 수도 있지만 현지에서 직접 주인과 가격 협의를 할 때와 가격의 차이가 발생하는 것이 대부분이다.

대략적 예산

한 달 살기는 사전에 자신이 사용할 수 있는 대략적 예산을 정해 비용을 확인하고 출발해야 한다. 그래야 돌아와서 비용에 대해 통제가 가능하다. 통제가 불가능해져버리면 돌아와서 후회만 남은 한 달 살기로 변할 수 있으므로 반드시 확인하는 습관을 갖추도록 하자.

숙소	식비	교통비	통신비	기타(비상금·쇼핑)	총예상 금액
2~100만 원	40~60만 원	15~30만 원	2~5만 원	30~60만 원	100~200만 원

세부적으로 확인할 사항

1. 나의 여행스타일에 맞는 숙소형태를 결정하자.

지금 여행을 하면서 느끼는 숙소의 종류는 참으로 다양하다. 호텔, 민박, 호스텔, 게스트하우스가 대세를 이루던 2000년대 중반까지의 여행에서 최근에는 에어비앤비(Airbnb)나 부킹닷컴, 호텔스닷컴 등까지 더해지면서 한 달 살기를 하는 장기여행자를 위한 숙소의 폭이 넓어졌다.

숙박을 할 수 있는 도시로의 장기 여행자라면 에어비앤비(Airbnb)보다 더 저렴한 가격에 방이나 원룸(스튜디오)을 빌려서 거실과 주방을 나누어서 사용하기도 한다. 자신의 한 달 살기를 위한 스타일과 목적을 고려해 먼저 숙소 형태를 결정하는 것이 좋다.

무조건 수영장이 딸린 콘도 같은 건물에 원룸으로 한 달 이상을 렌트하는 것만이 좋은 방법은 아니다. 혼자서 지내는 '나 홀로 여행'에 저렴한 배낭여행으로 한 달을 살겠다면 호스텔이나 게스트하우스에서 한 달 동안 지내는 것이 나을 수도 있다. 최근에는 아파트인데 혼자서 지내는 작은 원룸 형태의 아파트에 주방을 공유할 수 있는 곳을 예약하면 장기 투숙 할인도 받고 식비를 아낄 수 있도록 제공하는 곳도 생겨났다. 아이가 있는 가족이 여행하는 것이라면 안전을 최우선으로 장기할인 혜택을 주는 숙소를 선택하면 낫다.

2. 한 달 살기 도시를 선정하자.

어떤 숙소에서 지낼 지 결정했다면 한 달 살기 하고자 하는 근처와 도시의 관광지를 살펴보는 것이 좋다. 자신의 취향을 고려하여 도시의 중심에서 머물지, 한가로운 외곽에서 머물면서 대중교통을 이용해 이동할지 결정한다.

3. 숙소에 대한 이해

한 달 살기라면 숙소예약이 의외로 쉽지 않다. 짧은 자유여행이라면 숙소에 대한 선택권이 크지만 한 달 살기는 숙소 선택이 난감해질 때가 많다. 숙소의 전체적인 이해를 해보자.

1. 숙소의 위치
도시의 어느 곳에 숙소를 정해야 할지 고민하게 된다. 시내에 주요 관광지가 몰려있기 때문에 숙소의 위치가 도심에서 멀어지면 숙소의 비용이 저렴해도 교통비로 총 여행비용이 올라가게 될 수도 있다. 따라서 숙소의 위치가 중요하다. 그러나 도시의 중심지에 있는 숙소를 정하고 싶어도 숙박비를 생각해야 한다.
한 달 살기를 오는 사람들은 어디가 중심인지 파악이 쉽지 않다. 그래서 3~5일 정도의 숙소를 예약하고 나서 도착하여 숙소를 정하는 것도 좋은 방법이다. 시내에서 떨어져 있다면 도심과 숙소 사이를 이동하는 데 시간이 많이 소요되어 좋은 선택이 아니라고 생각한다.

2. 숙소예약 앱의 리뷰를 확인하라.
숙소는 몇 년 전만해도 호텔과 호스텔이 전부였다. 하지만 에어비앤비나 부킹닷컴 등을 이용한 아파트도 있고 다양한 숙박 예약 어플도 생겨났다. 가장 먼저 고려해야 하는 것은 자신의 여행비용이다. 항공권을 예약하고 남은 여행경비가 200만 원 정도라면 반드시 100만 원 이내의 숙소를 정해야 한다. 자신의 경비에서 숙박비는 50% 이내로 숙소를 확인해야 한 달 살기 동안 지내면서 돈 걱정 없이 지낼 수 있다.

3. 내부 사진을 꼭 확인
숙소의 비용은 저렴하지만 시설이 좋지않은 경우가 많다. 오래된 건물에 들어선 숙소가 아니지만 관리가 잘못된 숙소 들이 의외로 많다. 반드시 룸 내부의 사진을 확인하고 선택하는 것이 좋다.

4. 에어비앤비나 부킹닷컴을 이용해 아파트를 이용
시내에서 얼마나 떨어져 있는지를 확인하고 숙소에 도착해 어떻게 주인과 만날 수 있는지 전화번호와 아파트에 도착할 수 있는 방법을 정확히 알고 출발해야 한다. 아파트에 도착했어도 주인과 만나지 못해 아파트(콘도)에 들어가지 못하고 1~2시간만 기다려도 화도 나고 기운도 빠지기 때문에 여행이 처음부터 쉽지 않아진다.

알아두면 좋은 이용 팁(Tip)

1. 미리 예약해도 싸지 않다.
일정이 확정되고 아파트에서 머물겠다고 생각했다면 먼저 예약해야 한다. 여행일정에 임박해서 예약하면 같은 기간, 같은 객실이어도 비싼 가격으로 예약을 할 수 밖에 없다. 하지만 성수기가 아닌 비성수기라면 여행일정에 임박해서 숙소예약을 많이 하는 특성을 아는 숙박업소의 주인들이 일찍 예약한다고 미리 저렴하게 숙소를 내놓지는 않는다.

2. 후기를 참고하자.
아파트의 선택이 고민스럽다면 숙박예약 사이트에 나온 후기를 잘 읽어본다. 특히 한국인은 까다로운 편이기에 후기도 적나라하게 평을 해놓는 편이라서 숙소의 장, 단점을 파악하기가 쉽다. 실제로 그곳에 머문 여행자의 후기에는 당해낼 수 없다.

3. 미리 예약해도 무료 취소기간을 확인해야 한다.
미리 숙소를 예약하고 있다가 나의 한 달 살기 여행이 취소되든지, 다른 숙소로 바꾸고 싶을 때에 무료 취소가 아니면 환불 수수료를 내야 한다. 그러면 아무리 할인을 받고 저렴하게 숙소를 구해도 절대 저렴하지 않으니 미리 확인하는 습관을 가져야 한다.

숙소 예약 사이트

부킹닷컴(Booking.com)
에어비앤비와 같이 전 세계에서 가장 많이 이용하는 숙박 예약 사이트이다. 제주도에도 많은 숙박이 올라와 있다.

에어비앤비(Airbnb)
전 세계 사람들이 집주인이 되어 숙소를 올리고 여행자는 손님이 되어 자신에게 맞는 집을 골라 숙박을 해결한다. 어디를 가나 비슷한 호텔이 아닌 현지인의 집에서 숙박을 하도록 하여 여행자들이 선호하는 숙박 공유 서비스가 되었다.

4. 숙소 근처를 알아본다.

지도를 보면서 자신이 한 달 동안 있어야 할 지역의 위치를 파악해 본다. 관광지의 위치, 자신이 생활을 할 곳의 맛집이나 커피숍 등을 최소 몇 곳만이라도 알고 있는 것이 필요하다.

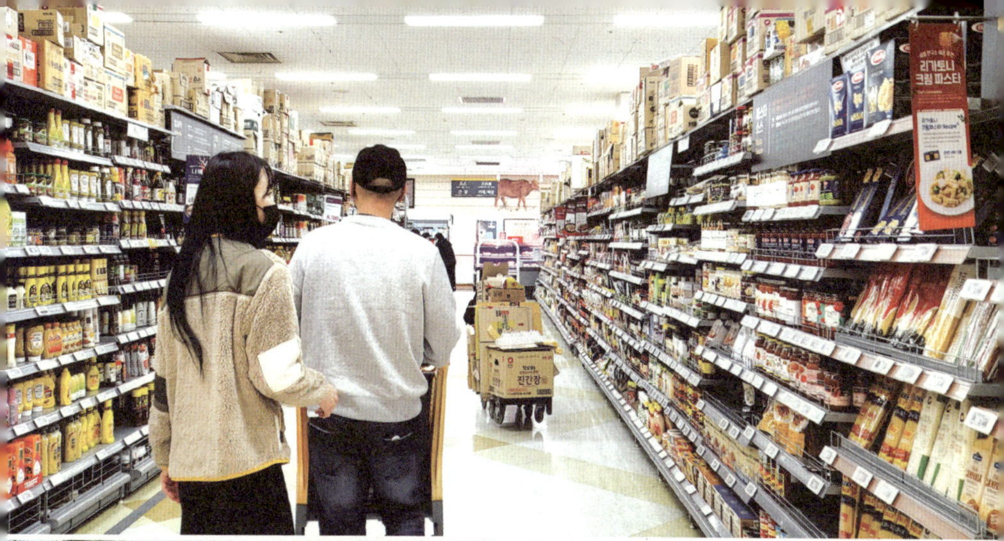
리가토니
크림 파스타
진간장

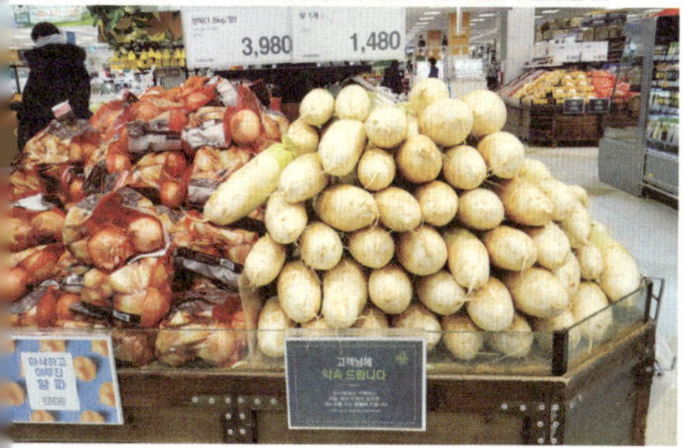
3,980
1,480

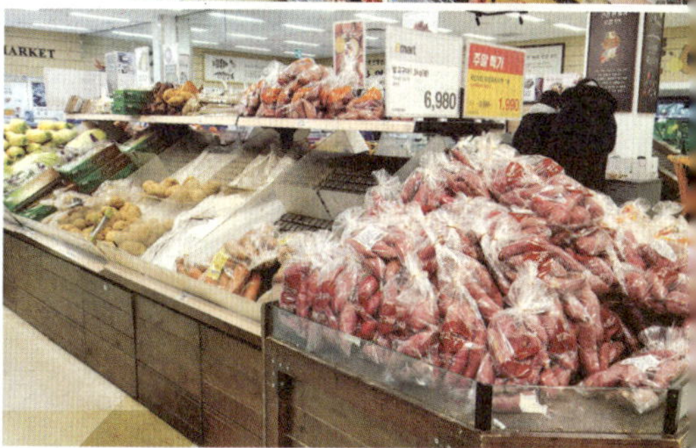
6,980
1,990

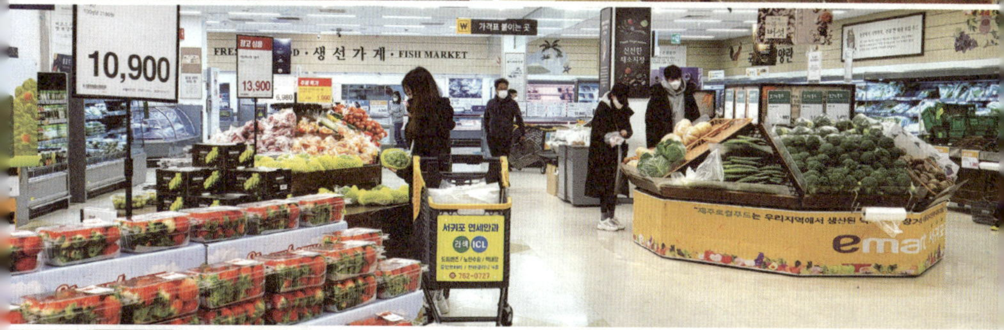
10,900
13,900
생선가게 · FISH MARKET
가격표 붙이는 곳
서귀포 연세안과
emart

국민
가격
서귀포 연세안과
762-0727

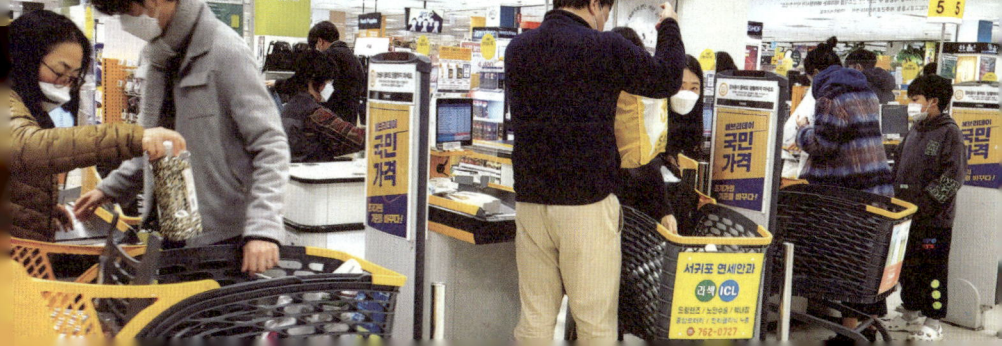

숙소 확인 사항

한 달 살기 동안 자신이 머무를 숙소는 아파트나 콘도, 게스트하우스나 홈스테이의 일부 공간, 집 전체 렌트 등으로 여러 가지 형태가 있다. 그런데 사전에 확인할 사항이 꼭 있다. 단순하게 집 내부가 예쁘다고 계약을 하게 되면 머무르면서 지내기가 힘들어지는 요소들이 있다.

관리비와 전기세, 수도세

콘도나 아파트에서 1달 이상으로 계약을 하면 숙소비용만 생각하지만 추가로 확인할 사항이 있다. 관리비와 전기세, 수도세를 확인해야 한다. 평균적으로 어느 정도의 비용이 1달 동안 청구되는 지 미리 물어보고 확인해야 한다. 반드시 사전에 사진을 찍어서 1달 후에 분쟁이 발생할 때 사진으로 확인해주면 쉽게 해결이 된다.

JEJU

체크아웃을 정확하게 알려주어야 한다.
1달 정도의 기간을 숙소를 정하고 머무르기 때문에 체크아웃을 알려주어야 한다고 계약서에 명기하기도 한다. 3개월 이상을 머무르는 여행자는 계약이 체크아웃을 알려주는 기간이 2주 전인지, 3주 전인지가 정해진다.
그런데 1달이라면 체크아웃을 알려주는 기간은 삭제하고 무조건 빠지게 되니 보증금 환급일을 명시하는 것이 좋다. 그리고 사전에 10일 전에는 집주인에게 알려주면서 확인을 하는 것이 분쟁을 줄일 수 있다.

한 달 살기 짐 쌀 때 생각해보기

한 달 살기를 생각하면 짐이 아주 많이 필요할 거라고 예상하지만 사실 1주일을 가나 한 달을 가나 필요한 건 비슷하다. 짐을 최대한 줄이는 것이 관건이다. 한 달을 살고 돌아올 땐 짐이 두 배가 될 것이기 때문이다.

어디를 가든 아름다운 현지만의 의류나 소품이 정말 많다. 쇼핑을 안 하겠다고 다짐할 필요도 없다. 현지에서 시장이나 마트에서 쇼핑을 하는 것은 현지의 문화를 알 수 있는 좋은 방법이다. 현지에서 생활하며 필요한 것들은 대부분 구매가 가능하니 짐은 최소한으로 챙기고 캐리어 안에는 한국 음식을 가득 채워오는 것을 권장한다. 세면도구 또한 마트에 모두 있기 때문에 대용량을 준비해가지 않아도 된다.

의류

계절에 맞춰 보통 옷을 준비해서 출발하면 된다. 많이 가지고 갈 필요도 없다. 현지에서 의류를 판매하는 곳이 많기 때문에 옷은 가볍게 준비하는 것이 좋다. 운동을 하기 위한 복장이나 운동화는 챙겨오는 것이 더 편리하다.

저녁이 되면 선선한 날도 있기에 가벼운 긴 팔을 챙겨오는 것이 좋다. 여름이라도 산악으로 가면 고도가 높고 비가 오면 간혹 한기가 느껴지니 긴 팔은 필수다. 개인만이 사용하는 필요한 의류는 어디든 판매하겠지만 안심이 안된다면 미리 준비해가는 것이 마음에 안정을 느낄 수 있다.

상비약

여름에 한 달 살기를 할 때에 모기가 많은 편이니 쉽게 살 수 있는 모기 밴드, 모기 퇴치제, 물린 후 바르는 약을 챙기는 것이 좋다. 더운 날씨에 잦은 물놀이를 하다 보면 상처가 나기 쉽다. 상처 난 후에 물에 들어가면 염증이 생길 수 있기에 물이 들어가지 않도록 관리를 해주어야 하는데, 약국에서 방수밴드를 찾기가 쉽지 않다. 방수밴드, 메디폼이나 듀오덤을 구매해 오면 편리하다.

감기약, 소화제 등의 기본적인 상비약이 필요하다. 약품도 개인마다 사용하는 종류가 다양하므로 개인이 주로 사용하는 약이 있다면 사전에 준비하도록 하자.

선Sun제품

한 달 살기를 하면 어디든 의외로 밖에서 활동하는 경우가 많아 뜨거운 햇볕에 매일 그을리기 십상이다. 때문에 알로에젤이나 마스크팩이 도움을 준다. 선크림도 필수적이다.

다양한 제주 여성 동상들

시련은 인생을 아름답게 한다.

형의 갑작스러운 죽음으로 왕위를 이어받게 된 영국의 왕 조지 5세. 그에게 왕의 자리는 많은 시련과 어려움을 가져다주었다. 조지 왕은 막중한 책임감과 긴장감에서 오는 불안으로 날마다 힘들어했다.

그러던 어느 날, 평소 도자기에 관심이 많았던 그는 작은 도시에 있는 한 도자기 전시장을 방문하게 되었다. 모처럼 편안한 마음으로 도자기 작품을 관람했다. 도자기의 아름다움에 크게 감탄하던 조지 왕은 두 개의 꽃병만 특별하게 전시된 곳에서 발걸음을 멈추었다.

두 개의 꽃병은 같은 원료와 타일을 사용하였고, 무늬까지 똑같은 꽃병이었다. 하지만, 하나는 윤기가 흐르고 생동감이 넘쳤는데 다른 하나는 전체적으로 투박하고 볼품없는 모양을 하고 있었다.

이상하게 여긴 조지 왕이 관리인에게 물었다.

"어째서 같은 듯 같지 않은 두 개의 꽃병을
나란히 둔 것이오?"

그러자 관리인이 대답했습니다.

"이유는 간단합니다. 하나는 불에 구워졌고,
다른 하나는 구워지지 않은 것입니다.
우리 인생도 이와 같아서 고난과 시련은 우리 인생을
윤기 있게 하고 생동감 있게 하며 무엇보다
아름답게 한다는 것을 보여주기 위해서
특별히 전시해놓은 것입니다."

고난과 시련은 우리를 힘들게 하지만,
내면을 더욱더 단단하게 하고, 아름답게 만듭니다.

그러니 너무 두려워하지 마세요.
당신에게 다가온 어려움은 인생을 윤기 있고,
생동감 있게 만들 것입니다.

여유로운 특권

알람소리가 아닌 새들이 지저귀는 소리에 눈을 떠서 맞는 새로운 아침. 한 달을 살아가기에, 모든 일이 바라는 대로만 흘러가는 날들은 아니더라도 나에게는 이런 작은 아침의 여유로운 특권이 기분을 충만하게 해주고 있다.

곧이어 침대에서 암막커튼을 걷고, 창문을 여니 많은 햇빛이 나의 침대에 쏟아진다. 일어나서 창문까지 걸어가는 것이 길고 멀게만 느껴져서 침대에서 우쭐거렸던 시간들이 후회스럽게 만드는 나를 따뜻하게 반겨주는 햇빛이 비쳐온다. 창문을 열고 하얀 얇은 천의 레이스 커튼만 치고 바람에 흔들리는 커튼을 한참 소파에 앉아서 바라보았다. 바람 때문에 구름의 움직임에 따라서 강해졌다 사라졌다 하는 햇빛, 그리고 살랑이는 레이스 커튼과 창문을 통해 들려오는 사람들의 깔깔거리는 소리가 나에게 오늘을 거뜬히 충만하게 시작하지 않으면 안 될 것만큼 생기를 불어주는 고마운 아침을 만들어주었다.

세수를 하고 음악을 따로 틀지 않아도 정겨운 이웃들의 아침을 시작하는 소리를 창문으로 들으니 저절로 쾌활한 기분이 든다. 집골목 입구에 있는 커피전문점으로 발걸음을 옮긴다. 최근에 나는 일상이 그대로 녹아있는 사람들이 지나가는 모습을 즐기고 있다. 회사에 일을 나가는 사람들, 아이 엄마들, 부부들 모두가 하루를 시작하고 혹은 젊은이들이 시원한 커피로 하루를 정리하기도 하는 곳이 제주에서는 창 뒤에 앉아 커피를 마시는 장소이다.

제주도의 커피가격에 익숙해진 나에게 커피와 빵 가격은 이제 비싸게 느껴지지는 않는다. 하지만 이런 기분은 아름다운 제주를 가고 나서 한 번씩 겪게 되는 외지인들의 바가지를 느끼면서 와장창 깨지게 된다.

제주에서 살아가는 사람들의 일상을 어쩌면 내가 알 수는 없지만 이 장소들은 일생이 모두 녹아있다고 할 정도로 많은 시간을 보내는 공간인 것은 사실이다.

문을 열면, 그 이전 새벽부터 지하에서 빵을 만드는 제빵사들은 매우 바쁜 하루를 시작할 것이다. 그렇게 해서 갓 만들어진 빵들을 가장 먼저 먹는 사람들은 일찍이 회사에 가는 사람들 몫이다. 시간이 없이 바쁜 사람들은 의자에 앉지 않고 재빠르게 커피와 빵만 가지고 순식간에 먹던지, 그냥 들고 자리를 뜬다.

느긋하게 이곳에 들린 사람들은 빵과 커피로 아침식사를 하고 아마도 이른 퇴직을 꿈꿀지도 모르겠다.
사람들의 일상은 그 어느 곳이라도 평범하고 평범하다. 물론 평범할 수 있기에 그 평범함이 특별하다고 할 수도 있겠지만. 한차례 일하는 사람들이 사라지는 시간대에 커피전문점에 오는 사람들이 여유를 즐긴다는 사실도 알게 되었다.

간혹 시끌벅적 사람들이 만드는 살아가는 이야기들과 커피 잔이 받침대에 얹어지고 스푼이 얹어지는 소리들, 커피가루를 털어내는 소리, 그리고는 고소한 커피가 내려지는 향이 풍겨온다. 앉을 겨를도 없이 이곳 사람들은 안부를 묻고 지내 오던 이야기를 이어나간다. 그간 힘들었던 일을 자연스럽게 털어놓으면 모두가 진심으로 걱정을 함께 고민해주고 해결을 하려 노력하는 시간들이 이어지는 모습을 보고 '정'도 느끼게 된다.

이제는 삶의 노련함이 그냥 웃음만 지어도 그 살아온 삶이 저절로 나에게 믿음을 주면 좋겠지만 진짜 다 괜찮아 질 것 같다고 생각하면서 믿게 되기도 한다.

삶을 살아갈수록 조금씩 내 삶을, 그리고 다른 이들의 삶을 관망하게 되고 그럴수록 '살아간다는 것 그 자체'는 매우 놀라운 것이다. 너무 가까이 내 손에 잡히는 사진들이 나와 함께 하는 출발의 날이기도 그들의 삶을 조금씩 알게 되는 시간이기도 하다.

나는 가끔 인생의 이야기를 들을 때에는 매우 묘한 기분이 든다. 사람이 살아간다는 것이 매우 길면서도 너무나 짧게 느껴지고. 가끔씩 들려주는 사람들의 이야기들, 행복했던 이야기들 그 모든 이야기들이 각자의 인생을 가득차고 있을 것이다.

생각해본다. 나는 지금 어디 즈음에 있지? 머리 아프게 생각했던, 큰 고민거리들이 그냥 작은 조각으로 보이기 시작한다. 어차피 지나갈 한 순간으로 여겨지기 시작한다. 그냥 여유롭게 어차피 지나가야할 어려운 강이라면 적어도 웃으면서 가보자라는 생각을 해보았다. 어차피 건널 것이라면 찌푸리나, 걱정하나, 웃으나 매한가지로 건너기만 하면 마는 것. 처음 만난 순간들을 이야기하고 살아온 이야기를 들으면서 나의 어려움을 위로 받고 싶기도 하다.

그냥 그럼에도 살아가는 것. "어차피 살아갈 것이라면 조금이라도 웃고 옆에 있는 사람과 이야기도 도란도란하며 의연하게 가고 싶다"라는 생각이 들었다. 이제 나는 웃음 짓는 얼굴이 훨씬 더 아름답다고 확실히 말할 수 있다. 그 여유로운 따뜻한 얼굴에서 그들이 좋은 삶을 만들어왔다는 것이 느껴지기 때문이다.

★스타 헌터

제주를 여행하다 보면 의외로 유명 관광지를 제외하면 일상에서 낮에는 조용한 마을을 보고 "왜 이렇게 사람들이 없지?"라고 의아할 때가 있다. 그런데 저녁이 되면 사람들이 보이기 시작한다. 식당과 카페에서 식사를 하고 간단한 술자리나 카페에서 담소를 나눈다.

매일 만나는 사람들이 또 만나 대화를 나누고 있으면 음악이 흘러나오고 사람들은 음악에 따라 감정에 휩싸인다. 어떨 때는 사람들이 모두 카페의 음악에 따라 흐느낄 때도 있다. 아주 가끔은 음악으로 하나가 되어 흥겹게 하루를 마무리할 때도 있다. 토요일에는 한적한 마을에도 주말을 즐기기 위해 나온 사람들에게 나는 속으로 "밤의 좀비들"이라고 혼잣말을 할 때도 있었다.
그러나 내가 밤의 좀비가 되었던 이유는 한적한 한라산 중턱에 숙소를 잡고 나무에 둘러싸여 걸어 다니다가 저녁을 먹고 잠시 쉬거나 잠을 청한 후 10시가 넘어 다들 잠자리에 들려고 할 때 나는 차를 이끌고 빛이 사라진 장소를 찾아다녔다.

오로라를 볼 수 있는 북유럽이나 아이슬란드, 캐나다 등은 오로라를 보기 위해 낮에는 잠을 자거나 쉬었다가 오로라 예보를 통해 오로라를 볼 수 있으면 빛이 없는 곳에서 오로라를 더욱 잘 보기 위해 찾아나서는 이들을 '오로라 헌터'라고 부른다. 그렇다면 별이 더 잘 보이는 장소를 찾아다니는 "스타 헌터"이자 좀비처럼 밤에 기어 나와 활개를 치는 이가 나였다.

별을 보고 있으면 도시에서 찾을 수 없는 별을 보는 것은 물론이고 반짝 반짝 빛나는 수많은 별들 속에서 나는 인간이라는 생명체가 지구라는 곳에서도 제주에서 별을 바라보는 미세한 먼지처럼 하찮은 존재였다. 그 존재가 조금이나마 별이 잘 보이는 곳을 찾아보고 내려왔다.

나에게 별을 보는 행동은 제주에서 일상의 활력소이고 나와 대화를 나누는 대화창구이며, 정체성을 찾으며 나를 찾으려 애쓴 흔적이었다. 그래서 제주에서 별은 오래된 나무들과 같이 보아야 했다.

나무들이 만드는 음악들도 인간이 연주하는 것이 아닌 나무의 연주였다. 나무들이 나에게만 들려주는 소리에 별들을 보면 마음은 안정이 되고 별이 나에게 쏟아져 내려오는 장관에 나는 감동을 받았다.

이제는 별을 보는 것이 힘든 세상이 되었다. 에디슨이 전기를 개발한 이후 인간은 어둠이 내려오는 밤에도 활동을 할 수 있게 되었다. 빛의 홍수에 지치게 되었다. 그래서 가끔은 빛이 사라져 나를 찾을 수 있는 곳이 귀하게 된다. 그 귀한 장소를 찾아다니면서 나는 매일 밤 감동의 별 물결을 온 몸으로 받았다.

늦은 아침

해는 벌써 중천에 올라가 있는 시간, 느즈막하게 일어났다. 요즘 제주도의 날씨는 요란하다. 이른 아침에는 매섭게 바람이 불고, 점심은 햇볕이 가득해 더운 편이고, 저녁은 해가 지고 나면 쌀쌀하다. 아니 때로는 춥다.

딱 '감기 걸리기 쉬운 환절기 날씨'랄까, 간밤에 나는 주위의 공기가 차가워서 정신없이 떨었다가 지금은 더위에 시달리는 것을 몇일 동안 반복하다보니, 이른 아침에는 도통 정신을 차리기 힘들다.

그래서 아침 알람은 무시하고 몸이 원하는 대로 내던져두는 수면을 택했다. 자연스레 눈이 떠지는 이른 아침에 일어났지만 상태는 '헬렐레'랄까, 세수를 하고 느즈막히 집 앞 카페에 앉아 커피 한 잔을 마시기 위해 나갔다.

그런데 이게 뭔가? 오늘 각자가 다르게 해석한 날씨에 맞는 옷차림을 한 사람들이 카페에 가득하다. 누군가는 얇은 패딩을, 누군가는 반팔을 입은 여름 패션이다. 나는 긴팔 스웨터에 잠바를 입었는데, 카페의 창유리를 뚫고 들어온 햇볕 때문에 몸은 이내 더워졌고, 점점 잠이 오는 상황에 이르렀다.

커피를 마셔도 영 잠은 깨지 않았다. 생각해 보니 치즈케이크를 먹었는데도 배가 차지가 않는다고 생각하며 고개를 떨구게 되었다.

흠~~~~ 피곤하구나.

늦게 아침을 먹어서, 카페를 나올 때가 되니 이미 점심식사 시간이 되었다. 대충 백팩을 둘러매고, 제주 박물관으로 향했다. 버스를 타고 이동하는 데 창가에 앉으니, 뙤약볕에 정수리가 뜨겁다.

정말 날씨 뭐야?

날씨 탓이라도 배가 고프니 점심식사를 하러 재빨리 나는 걸음을 재촉해서 들어갔다.

길을 가던 중에 베이커리 코너에 눈이 갔다. 쟁반 위에 투박하게 잘라놓은 호박설기 같이 생긴 것이 맛있어 보였다.

나는 들어가 주문을 하고 받자마자 호박 설기 같은 케이크를 입에 넣었다. 슴슴한 떡을 좋아하는 나에게 울컥하는 호호불어먹던 호박설기를 떠오르게 하는 무언가의 맛이었다. 입에 넣고 코로 킁킁 냄새를 맡으면 비슷한 발효 밀가루 맛이 올라왔다.

제주에 와서 취향도 사람도 바뀌었다. 이제 나는 아침을 꼭 먹는다고 하기보다 길을 걷다가 다양하고 다른 가능성들이 놓인 상황에 따라 아침을 먹었다.

지금, 날씨는 변화무쌍하지만 내 마음만 하겠는가, 그렇지만 변화무쌍한 아침을 먹고 나면 온몸이 따뜻함으로 깨어나는 기분 좋은 느낌을 가지고 집에 돌아간다.

난 박물관은 뒤로 미루고 천천히 먹다가 집에 돌아왔다.

New Normal travel
뉴 노멀, 여행

정말 많은 여행사는 바람직한가?

여행을 가기 위해 검색을 해보면 정말 많은 여행사들의 여행상품이 검색된다. 심지어 소셜커머스나 홈쇼핑에도 여행상품이 판매되고 있다. 앞으로 유망산업이기도 한 여행 산업이니 많이 생기겠지? 하는 생각과 달리 작은 여행사들은 망하고 있다는 뉴스가 귓가에 들려왔는데, 코로나 바이러스 이후에는 여행 산업은 흥망의 기로에 선 산업이 되었다.

여행에 관련된 산업은 항공업과 숙박을 기본으로 하여 이동수단인 렌터카, 기차, 고속버스 등의 부가적인 분야까지 생각하면 정말 많은 사람들이 여행업에 종사하게 되어 있어 정부는 여행 활성화를 하여 일자리 창출을 하기 위해 적극적인 지원을 하고 있다. 이러한 여행 산업에 뛰어든 많은 여행사들은 생각과 달리 망하는 일이 잦다.

너무 많은 여행사들이 경쟁하기 때문에 경쟁에서 도태된 여행사들은 부도를 맞이하는 일은 피할 수 없게 되어 있다. 게다가 사람들은 더 이상 여행사를 통하지 않고 여행을 하고 있다. 이런 현상은 IT 기술을 통해 더욱 활성화되면서 스마트폰만 있으면 여행이 불편하지 않도록 변화하고 있다.

최근의 변화뿐만 아니라 여행시장에서 많은 여행사들이 경쟁하는 시장의 형태는 완전 경쟁시장이다. 경제학에서 시장의 경쟁형태는 여러 가지가 있는데 가장 이상적인 시장은 완전 경쟁시장이라고 경제학자들은 말한다.
수많은 판매자와 구매자가 있다는 것만으로 완전 경쟁시장이 되는 것은 아니다. 그 시장에서 거래되고 있는 상품이 모두 같은 동질적이어야 하고, 완전한 정보가 갖추어져 있고 여행 산업의 진입과 탈퇴가 자유로워야 한다. 위의 3가지 요건을 갖춘 시장이 완전경쟁시장으로 현실에서는 찾기 어렵다.

그런데 여행 산업은 거의 완전경쟁시장에 가깝다. 수천 개의 여행사들이 같은 여행상품을 가지고 경쟁하면서 소비자들을 끌어 모으고 있다. 물론 3천만 원이라는 자본금이 있어야 해서 진입과 탈퇴가 자유롭지는 않지만 요즈음 3천만 원으로 할 수 있는 일이 많지 않다는 현실까지 고려하면 완전경쟁시장에 가깝다고 할 수 있겠다. 그런데 IT 기술을 가진 거대 회사인 '구글'이나 숙박 예약회사들까지 가세하여 사람들은 새로운 여행형태를 선호하고 있다.

코로나 바이러스가 전 세계를 휩쓸어 사람들의 일하는 형태도 바꾸고 있다. 포스트 코로나를 이야기하면서 가장 많이 검색되는 단어가 '재택근무'나 '원격교육'이다. 앞으로 사람들은 더 이상 일터로 이동하지 않고도 일할 수 있고, 학생들은 학교에 가지 않고도 공부하는 새로운 세상이 가속화되고 있다. 그렇다면 여행은 어떤 형태를 선호하게 될까? 전 세계 어디든 바쁘게 관광하는 형태가 아니고 새로운 도시에서 오랜 시간을 머물며 일도 하고 여행

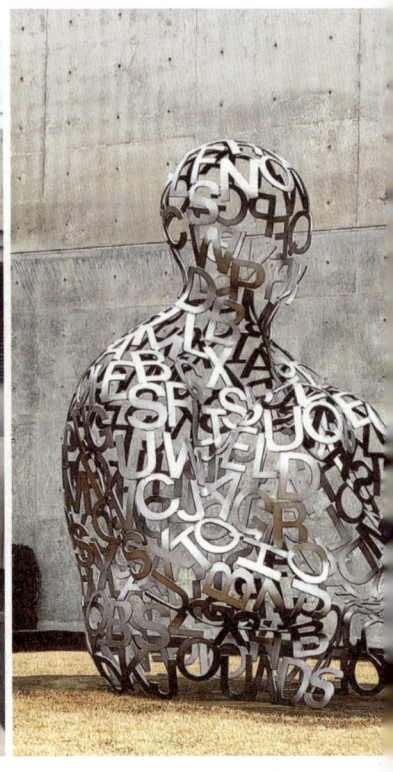

도 할 수 있는 '한 달 살기'가 선호되어 여행사가 필요 없는 여행이 사람들은 선택하게 될 수 있다.

완전경쟁시장을 이상적으로 보는 이유는 이 시장에서 자원이 효율적으로 배분될 수 있기 때문이다. 이 시장에서 효율적인 자원배분이 가능할 이유는 경쟁이 심하기 때문에 모든 기업이 효율적인 운영을 하지 않으면 적자생존의 현실에 부도 처리되어 도태되고 말 것이기 때문이다. 앞으로 여행사를 통하지 않고 여행하는 형태로 사람들의 여행이 변화하고 있는데, 포스트 코로나 이후에 가속화된다면 여행사는 생존하기 힘들게 된다.

소비자가 마지막에 상품을 구입하면서 생기는 만족감을 '한계편익'이라고 부르는데 인터넷으로 검색하여 가장 싸게 여행상품을 구입한 소비자는 구입한 만족감이 여행상품의 가격과 같을 때 구입하게 된다. 수많은 패키지여행상품에서 검색을 하면서 같은 여행코스라면 가장 싸게 여행상품을 구입하는 소비자가 거의 대부분이다. 구입을 결정한 순간까지도

수많은 여행상품을 비교하면서 마지막에 땡처리 상품이 있지 않을까? 라는 생각으로 또 검색을 하는 여행소비자가 많다.

그래서 여행사들은 패키지상품이 아닌 테마와 문화를 포함시킨 여행상품을 내놓으면서 동질상품이기를 거부하면서 소비자에게 다가선다. 이런 여행사들의 노력으로 우리나라의 여행상품도 천편일률적인 패키지여행에서 자신만의 코스와 일정을 고려한 맞춤여행이 소비자에게 다가가고 있다. 여행사들이 변화하고 있지만 새로운 여행형태를 받아들이기에는 힘든 현실이다.

여행사들은 장기적으로 상품의 판매가 가능한 가장 낮은 비용으로 상품을 개발해 판매하기 때문에 소비자는 가장 효율적으로 균형 상태에서 수익을 거두기 때문에 정상적인 수익만을 얻게 된다. 이런 여행시장은 앞으로 생존을 위협받는 상황으로 몰리고 있다. 포스트 코로나 시대에는 더욱 여행의 변화가 가속화될 것으로 판단된다.

한 달 살기의 기회비용

대학생 때는 해외여행을 한다는 자체만으로 행복했다. 아무리 경유를 많이 해도 비행기에서 먹는 기내식은 맛있었고, 아무리 고생을 많이 해도 해외여행은 나에게 최고의 즐거움이었다. 어떻게든 해외여행을 다니기 위해 아르바이트를 하고, 여행상품이 걸린 이벤트나 기업체의 공모전에 응모했다. 여러 가지 방법으로 여행경비를, 혹은 여행의 기회를 마련하면서, 내 대학생활은 내내 '여행'에 맞춰져있었고, 나는 그로인해 대학생활이 무척 즐거웠다. 반면, 오로지 여행만을 생각한 내 대학생활에서 학점은 소소한 것이었다. 아니, 상대적인 관심도가 떨어졌다는 말이 맞겠다. 결론적으로 나는 학점을 해외여행과 맞바꾼 것이었다.

코로나 바이러스가 전 세계를 덮치면서 사람들은 여행을 가지 못하고 집에서 오랜 시간을 머물러야 했다. 못가는 여행지로 가고 싶어서 랜선 여행으로 대신하는 경우도 발생하고 있다. 쉽게 해외여행을 갈 수 있는 시대에서 갑자기 바이러스로 인해 개인 간의 접촉 자체를 막아야 하는 시기가 발생하면서 여행 수요는 90%이상 줄어들었다. 그렇지만 일을 해야 하고 회의도 해야 하니 디지털 기술을 활용한 원격 화상회의, 원격 수업, 재택근무를 하면서 평상시에 일을 하는 경우에 효율성을 떨어뜨릴 것이라는 이야기를 했지만 코로나 바이러스로 인해 실제로 해보니 효율성이 떨어지지 않더라는 결과가 나왔다. 코로나 19가 백신 개발로 종료되더라도 일을 하는 방식이나 생활의 패턴이 디지털 기술을 활용하여 일을 할 수 있게 될 것이다.

그렇다면, 미래에 코로나 바이러스로 인해 바뀌어야 하는 여행은 무엇일까? 패키지 상품 여행은 단시간에 많은 관광지를 보고 가이드가 압축하여 필요한 내용을 설명하고 먹고 다니다가 여행이 끝이 난다. 하지만 디지털 기술로 재택근무가 가능하여 장소의 제약이 줄어든다면 어디서 여행을 하든지 상관없어진다. 그러므로 한 달 살기가 코로나 바이러스의 팬데믹 현상 이후에 발전되는 여행의 형태가 될 수 있다.

어떤 선택을 했을 때 포기한 것들 중에서 가장 좋은 한 가지의 가치를 기회비용이라고 한다. 내가 포기했던 학점이 해외여행의 기회비용인 것이다. 아르바이트를 해서 해외로 여행을 다녀온다면, 여행을 다녀오기 위해 포기하는 것들이 생긴다. 예를 들어 아르바이트를 하는 시간, 학점 등이 여행의 기회비용이 된다.

만약 20대 직장인이 200만 원짜리 유럽여행상품으로 여행을 간다고 하자. 이 직장인은 200만 원을 모아서 은행에 적금을 부었다면 은행에서 받는 이자수입이 있었을 것이다. 연리 12%(계산의 편의상 적용)라면 200만 원 유럽여행으로 한 달 동안 2만 원의 이자수입이 없어진 셈이다. 이 2만 원이 기회비용이라는 것이다.

여행을 하면서도 우리는 기회비용이라는 경제행동을 한다. 그러니 코로나 바이러스 이후에 한 달 살기를 하면서 우리가 포기한 기회비용보다 더욱 많은 것을 얻도록 노력해야 하겠다고 생각할 수도 있다. 우리가 대개 여행을 하면서 포기하게 되는 기회비용은 여행기간동안 벌 수 있는 '돈'과 다른 무언가를 할 수 있는 '시간'이 대표적이다.
하지만 좀 바꾸어 생각해

보면 여행의 무형적인 요소로, 한 번의 여행으로 내 인생이 달라진다면, 포기한 돈(여기서 기회비용)은 싼 가격으로 책정될 수 있지만 여행에서 얻은 것이 없다면 비싼 가격으로 매겨질 수 있다.

일반적으로 구입하는 물품에 감가상각이라는 것이 있지만, 한 번 다녀온 한 달 살기 여행이 자신의 인생에서 평생 동안 도움이 된다면 감가상각기간이 평생이기 때문에 감가상각비용은 거의 발생하지 않는다. 그리고 여행으로 인생이 바뀌었다면, 여행으로 받은 이익이 매우 크기 때문에 기회비용은 이익에 비해 무료로 계산될 수도 있다. 200만 원으로 다녀온 한 달 살기 여행이, 그때 소요된 200만원이 전혀 아깝지 않을 정도의 여행이었다면 되는 것이다.

같은 건물을 봐도, 모두 다 다른 생각을 하고, 같은 길을 걸어도 저마다 드는 생각은 다른 것처럼, 여행을 통해 얻을 수 있는 기회비용대비 최고의 가치도 각자 다르다. 지금의 나에게 있어 최저의 기회비용을 가지는 최고의 여행은 어떤 것일까? 한 달 살기처럼 새로운 여행형태는 계속 생겨날 것이다. 왜냐하면 우리는 여행을 계속 할 거니까.

한 달 살기의 디지털 노마드^{Digital Nomad}

햇볕이 따사롭게 내리쬐는 나른한 오후에는 치앙마이나 발리 등의 분위기 좋은 카페에서 즐기는 재미가 있다. 우기에는 비가 내리는 날에 창문 밖으로 보이는 넓은 카페에 앉아 커피 한잔을 마시며 편안한 오후를 즐겨 보는 것도 한 달 살기에서 느낄 수 있는 낭만이다.

커피는 유럽에서 더 먼저 즐기기 시작했지만 동남아시아의 베트남, 태국, 라오스, 인도네시아 등의 나라에서 조금씩 다른 커피 맛을 즐길 수 있다. 유럽의 프랑스는 카페^{Cafeé}, 이탈리아는 카페^{Caffe}, 독일은 카페^{Kaffee}등으로 부르는 데 각 나라마다 커피 맛도 조금씩 다르다. 그런데 유럽의 프랑스가 인도차이나 반도를 제국주의 시절 차지한 까닭에 베트남, 라오스는 프랑스의 카페^{Cafeé} 문화가 현지화되어 지금에 이르렀다. 그래서 라오스와 프랑스는 커피를 내리는 방식이 비슷한 느낌이다. 하지만 태국은 식민지를 경험하지 않아서 라오스나 베트남과는 다른 커피 문화를 가지고 있다.

제주도는 상당히 국제화된 커피를 즐긴다. 그래서 우리가 마시는 커피 메뉴와 다르지 않아서 이질적인 커피가 아니고 동질적인 커피일 것 같다. 그러나 제주도의 많은 카페에는 상당히 다양한 분위기의 카페와 다양한 맛의 커피가 있다. 최근에 인기를 끌고 있는 한 달 살기에서 해볼 수 있는 것 중에 커피를 즐기면서 카페를 다녀보는 것도 추천하게 된다.

대한민국에서 가장 많이 팔리는 커피 메뉴인 아메리카노는 기본이고 유럽에서 많이 마시는 에스프레소, 카페 라떼와 함께 빵을 마시면서 카페에서 즐길 수 있는 것도 상당한 재미있다.

19세기 유럽의 카페에서 문학가나 화가 등의 예술가들이 모여 자신들이 서로 좋아하는 사람들끼리 모여 사색하고 토론하면서 저마다의 독특한 카페 문화를 만들어 유명해졌다면 한 달 살기의 성지에서는 전 세계 사람들이 새롭게 일하는 형태인 디지털 노마드Digital Nomad가 유행하고 있다. 미국의 실리콘밸리나 유럽의 회사에서 일하지만 치앙마이나 발리에서 자신이 일을 하며 교류할 수 있는 디지털 노마드Digital Nomad는 더욱 활발해지고 있다. 그들은 카페에서 만나고 이야기하고 같은 직종의 일을 하면서 더욱 친해진다. 이제 낭만적인 파리의 카페가 아니고 제주도 어디든 한 달 살기의 다양한 카페 문화가 지구촌으로 퍼져 나갈지도 모른다.

느슨한 형태의 직장이자 같은 공간에서 일을 하지 않고 제주도에서 한 잔의 커피 속에 잠시나마 여행의 느낌을 느낄 수도 있고, 직장인의 중간 지점에서 각자 사색과 고독을 음미하고 현지인들과 함께 낭만적인 여유와 새로운 일에 파묻혀 살아가고 있다. 가끔씩 아날로그적인 엽서 한 장을 구입해 그리운 사람들에게 엽서를 띄우기도 한다. 주머니가 가벼운 디지털 노마드Digital Nomad에게도 카페에서 보내는 낭만과 여유가 살아갈 맛을 느끼게 된다.

한 달 살기의 대중화

코로나 바이러스의 팬데믹 이후의 여행은 단순 방문이 아닌, '살아보는' 형태의 경험으로 변화할 것이다. 만약 코로나19가 지나간 후 우리의 삶에 어떤 변화가 다가올 것인가?

코로나 바이러스 팬데믹 이후에도 우리는 여행을 할 것이다. 여행을 하지 않고 살아갈 수 있는 사회로 돌아가지는 않는다. 이런 흐름에 따라 여행할 수 있도록, 대규모로 가이드와 함께 관광지를 보고 돌아가는 패키지 중심의 여행은 개인들이 현지 중심의 경험을 제공할 수 있는 다양한 방식의 여행이 활성화될 수 있다. 많은 사람이 '살아보기'를 선호하는 지역의 현지인들과 함께 다양한 액티비티가 확대되고 있다. 코로나19로 인해 국가 간 이동성이 위축되고 여행 산업 전체가 지금까지와 다른 형태로 재편될 것이지만 역설적으로 여행 산업에는 새로운 성장의 기회가 될 수 있다.

코로나 바이러스가 지나간 이후에는 지금도 가속화된 디지털 혁신을 통한 변화를 통해 우리의 삶에서 시·공간의 제약이 급격히 사라질 것이다. 디지털 유목민이라고 불리는 '디지털 노마드'의 삶이 코로나 이후에는 사람들의 삶 속에 쉽게 다가올 수 있다. 재택근무가 활성화되는 코로나 이후의 현장의 상황을 여행으로 적용하면 '한 달 살기' 등 원하는 지역에서 단순 여행이 아닌 현지를 경험하며 내가 원하는 지역에서 '살아보는' 여행이 많아질 수 있다. 여행이 현지의 삶을 경험하는 여행으로 변화할 것이라는 분석도 상당히 설득력이 생긴다.

결국 우리 앞으로 다가온 미래의 여행은 4차 산업혁명에서 주역이 되는 디지털 기술이 삶에 밀접하게 다가오는 원격 기술과 5G 인프라를 통한 디지털 삶이 우리에게 익숙하게 가속화되면서 균형화된 일과 삶을 추구하고 그런 생활을 살면서 여행하는 맞춤형 여행 서비스가 새로 생겨날 수 있다. 그 속에 한 달 살기도 새로운 변화를 가질 것이다.

또 하나의 공간, 새로운 삶을 향한 한 달 살기

한 달 살기는 여행지에서 마음을 담아낸 체험을 여행자에게 선사한다. 한 달 살기는 출발하기는 힘들어도 일단 출발하면 간단하고 명쾌해진다. 도시에 이동하여 바쁘게 여행을 하는 것이 아니고 살아보는 것이다. 재택근무가 활성화되면 더 이상 출근하지 않고 전 세계 어디에서나 일을 할 수 있는 세상이 열린다. 새로운 도시로 가면 생생하고 새로운 충전을 받아 힐링Healing이 된다. 한 달 살기에 빠진 것은 포르투갈의 포르투Porto를 찾았을 때, 느긋하게 즐기면서도 저렴한 물가에 마음마저 편안해지는 것에 매료되게 되었다.

무한경쟁에 내몰린 우리는 마음을 자연스럽게 닫았을지 모른다. 그래서 천천히 사색하는 한 달 살기에서 더 열린 마음이 될지도 모른다. 삶에서 가장 중요한 것은 행복한 것이다. 뜻하지 않게 사람들에게 받는 사랑과 도움이 자연스럽게 마음을 열게 만든다. 하루하루가 모여 나의 마음도 단단해지는 곳이라고 생각한다.

인공지능시대에 길가에 인간의 소망을 담아 돌을 올리는 것은 인간미를 느끼게 한다. 한 달 살기를 하면서 도시의 구석구석 걷기만 하니 가장 고생하는 것은 몸의 가장 밑에 있는 발이다. 걷고 자고 먹고 이처럼 규칙적인 생활을 했던 곳이 언제였던가? 규칙적인 생활에도 용기가 필요했나보다.

한 달 살기 위에서는 매일 용기가 필요하다. 용기가 하루하루 쌓여 내가 강해지는 곳이 느껴진다. 고독이 쌓여 나를 위한 생각이 많아지고 자신을 비춰볼 수 있다. 현대의 인간의 삶은 사막 같은 삶이 아닐까? 이때 나는 전 세계의 아름다운 도시를 생각했다. 인간에게 힘든 삶을 제공하는 현대 사회에서 천천히 도시를 음미할 수 있는 한 달 살기가 사람들을 매료시키고 있다.

내가 모르는 일

제주에 온 이후 생긴 나의 작은 서재에서 글을 쓰는 비 오는 오후.

머리 위에 기울어진 긴 창 아래에 앉으니 내 바로 위에서 빗방울이 자꾸만 부서져 흘러내린다. 고개를 모니터에서 거두고서 하나, 둘 흘러내리는 빗방울을 쳐다본다. 노트북 바로 옆에서 타오르는 향초를 쳐다본다. 타오르는 촛불에는 눈을 그곳에서 뗄 수 없게 만드는 봐도 봐도 빠져드는 마법 같은 힘이 있다는 사실을 이번에 알게 되었다.

바람이 조금 부니 이쪽저쪽, 좌우로 움직이는 촛불은, 정작 나는 느끼지 못했는데 바람이 부는지 좌우로 부산히 흔들리는 것을 보고 세상에 내가 느끼지 못하고 지나가는 일들이 얼마나 많을지 생각하게 만들었다.
작은 촛불을 계속 쳐다보면 뽀얗게 기분이 붕 뜨고 따뜻해지는 기분이 든다. 나는 고요히 앉아만 있는데 빗방울은 끊임없이 부서지듯 깨지고 있고, 촛불은 계속해서 흔들리고 멈추고를 반복한다.

해산물이 먹고 싶네

제주도를 여행하면서 해산물을 배부르게 먹겠다고 제주를 오기 전에 상상했지만, 행복한 상상이 들기 전부터 먼저 한 달 살기에서 경비 걱정이 들기 쉽다. 제주도의 가장 단점은 의외로 물가 비싸기로 유명한 도시라는 점이다. 마트에서 장을 보고 직접 음식을 해 먹어도 제주에서의 한 달 살기는 생각보다 비싸다.

제주에서는 푸짐하게 사는 회나 굴등을 상상한다면 절대 그 돈을 행복하게만 지불하고 먹

을 수는 없을 것이다. 의외로 해산물을 생각하면 스페인 남부에서 저렴하게 먹을 수 있다. 그러나 제주를 생각하면 나에게는 제주산 흑돼지와 해산물이 떠오른다. 해산물을 먹기 위한 거대한 저녁식사를 하는 내 모습을 한 달에 한 번은 가능하기 때문이다.

고로 제주로 해산물 요리를 먹으러 오면 두 가지의 장점을 함께 맛 볼 수 있다.
바다에 접한 제주도이기에 바로 잡아온 해산물을 가장 싱싱한 시점에 맛볼 수 있다는 재료의 장점과 누구나 사랑하는 제주만의 신선한 해산물을 경험 수 있는 장점

여기에 더해서 제주 색이 강하게 드러났던 식당을 인터넷에서 추천받아 찾아간다. 제주 로컬들이 한참을 줄을 서서 기다리는 맛집이면 더욱 기대가 된다. 제주에서 제대로 찾은 로컬 음식점들은 제주의 정을 느낄 수 있다.

내가 좋아하는
제주의 볼거리

위치 | 대한민국 서남단 남해에 뒤치(북위 33°10′~33°34′, 동경 126°10′~127°)
행정구역 | 제주특별자치도 / 본섬에 작은 우도, 마라도, 가파도 등의 유인도 8개
지리 | 화산 활동으로 만들어진 화산 섬이라는 특징이 오름, 주상절리, 현무암 등에 표시되어 있다. 또한 제주도 중앙에 있는 한라산이 풍광을 다체롭게 만든다.

제주시 서부
애월읍을 시작으로 한경면으로 이어지는 서부는 해안도로가 아름다워 공항에서 처음으로 여행을 시작하는 여행자가 많다. 최근에 애월읍에 자리를 잡는 외지인들이 많았다. 한림읍은 바다가 아름다워 관광객을 유혹하고 있다.

서귀포시 중심
중문과 시내에서 개발이 이루어져 서귀포시에서 시민들이 몰려 살고 있는 지역이다. 제주에서 관광지가 가장 많이 몰려 있기도 하다.

서귀포시 서부
바다를 찾는 관광객은 많지 않지만 서귀포시 중심으로 들어가는 경계면에는 관광지와 맛집들이 많다. 역사적으로 중요한 현장이 있어 개발에는 뒤쳐져 있다.

제주시

제주시 서부

서귀포시 중

서귀포시 서부

제주시 중심
제주의 행정중심이자 제주 시민들이 가장 많이 살고 있다. '원도심'에는 시민들의 맛집과 삶이 담겨 있고, 최근에 '신제주'가 제주특별자치도청 주위로 형성되어 있다.

제주시 동부
함덕을 시작으로 김녕, 월정리의 다양한 카페는 제주를 찾는 여행자가 가장 많은 사진을 찍는 장소이다. 최근에 오름의 인기로 바다뿐만 아니라 내부까지 찾는다.

서귀포시 동부
최근에 동부의 성산읍에 제2공항 뉴스가 나오는 등 표선면, 남원읍부터 성산일출봉, 섭지코지까지 아름다운 풍경이 관광객을 맞고 있다.

JEJU

제주시

국립 제주박물관

2001년 6월에 개관한 국립 제주박물관은 제주에 있는 다양한 유물을 체계적으로 다룬 최초의 박물관이다. 제주 내에서 출토된 유물들은 전시하여 전시관이 방대하지는 않지만 소장한 유물만 7,230여 점에서 약 1,400여 점이 전시되어 있다. 박물관 자체가 크기 때문에 여유롭게 관람이 가능하다.

상설 전시실은 중앙홀과 6개의 전시실로 구분되어 있다. 가장 오래된 고산리 토기는 우리나라에서 가장 오래된 토기로 알려져 있다. 곽지리 패총, 용담동 분묘유적, 삼별초 유물, 탐라 옛 지도 등을 보여주면서 제주의 역사문화를 살펴볼 수 있다.

홈페이지_ www.jeju.museum.go.kr
주소_ 제주시 일주동로 17
시간_ 10~18시(월요일 휴관, 1/1)
요금_ 무료
전화_ 064-720-8000

제주목 관아

관덕정 옆에 위치한 제주목관아는 조선시대 제주지방 통치의 중심지였던 곳으로 지금의 관덕정을 포함해 주변 일대에 분포해 있었다. 1434년 관부의 화재로 건물이 불탄 뒤 다시 역사를 시작해 다음해인 1435년에 골격을 짓고 조선시대 내내 중, 개축이 이루어졌다. 하지만 일제 강점기 때 훼손되었다가 1991년부터 1998년까지 4차례 발굴조사에서 확인된 초석과 기단석을 토대로 탐라순력도와 탐라방영총람 등의 문헌과 학자들의 고증과 자문을 거쳐 복원되었다.

시내 중심에 있는 제주에서 가장 오래된 건물인 관덕정은 국가지정 보물 322호로 지정되어 있다. 세종 30년 안무사 신숙청이 병사의 훈련과 무예수련장으로 사용하기 위해 창건한 곳으로 이후 연무를 지휘하고 사열하는 곳뿐만 아니라 관민이 함께 공사를 의논하고 잔치를 베풀고, 이용하고 죄인을 다스리는 곳으로 사용되었다.

관덕이라는 이름은 '평소에 마음을 바르게 하고 훌륭한 덕을 닦는다'라는 뜻으로 문무의 올바른 정신을 본받기 위한 뜻이라고 하며 관덕정의 현판은 세종대왕의 셋째 아들인 안평대군의 친필이다.

홈페이지_ www.jeju.go.kr
주소_ 제주시 삼도이동
시간_ 9~18시
요금_ 1,500원(어린이 400원)
전화_ 064-710-6714

용두암 & 용연

해지는 풍경이 실루엣처럼 아름다운 용두암은 거친 파도와 부딪치는 모습이 압권이다. 제주시 정면에 있는 바다 절경으로 제주를 찾는 누구나 방문하는 곳이다. 용이 한라산의 옥구슬을 훔쳐 달아나다 한라산 신령의 활에 맞아 몸은 바닷물에 잠기고 머리 부분은 하늘을 향해 굳어졌다는 전설이 전해지고 있다.
용두암에서 동쪽으로 200m 지점에 비를 몰고 오는 용이 살고 있던 '용연'이 있다. 병풍처럼 깎아지른 듯한 절벽이 양쪽으로 둘러싸여 있어 옛 선인들이 뱃놀이 하던 장소였다고 한다.
약 8m의 기암절벽과 석벽 위의 울창한 나무들은 아름다운 자태를 뽐내고 절벽 사이를 빠져나간 바닷물은 바로 바다로 이어져 인상적이다. 해안 바위에는 해녀들이 직접 잡은 싱싱한 해산물을 즉석에서 팔기도 하고 이호해수욕장으로 이어지는 해안도로가 있어 드라이브코스의 시작점으로 알려져 있다.

주소_ 제주시 용두암길 15

이호해수욕장

제주 공항에서 약 8㎞ 떨어져 있는 가장 가까운 해수욕장이 이호 해변이다. 제주도에 있는 다른 해수욕장에 비해 덜 맑다고 하지만 야경이 아름답고 제주시내에서 가까워 관광객보다 제주 사람들이 자주 찾는다.

용두암에서 이어지는 해안도로의 아름다운 소나무 숲의 풍경이 제주도에 왔다는 사실을 실감나게 한다. 해양스포츠와 캠핑도 가능하여 여름이면 사람들로 북적인다. 이호항에 제주를 상징하는 조랑말 모양의 등대 2개가 일몰 때마다 인상적인 풍경을 선사한다.

주소_ 제주시 이호일동 375-43

삼양 검은 모래 해변

대부분의 모래 해변은 하얀 백사장을 연상시키지만 삼양 해변은 검은 모래가 해변을 가득 채우고 있다. 용암이 흘러내려 모래와 함께 섞여 검은 색의 모래해변을 만들었는데 신경통과 피부를 좋게 만들어준다고 알려져 있다.
햇볕이 뜨거울 때 검은 모래를 몸 위에 덮고 찜질을 하고 나서 차가운 용천수를 몸에 두르면 시원하면서 개운하다.

제주 시내에서 가깝지만 맑고 깨끗한 해변으로 시민들이 자주 찾는 해변이었지만 서핑을 하는 장기여행자들이 머무는 해변으로도 유명해졌다.

주소_ 제주시 삼양이동 1960-4

제주 동문시장

제주에서 가장 오랜 역사를 가진 재래시장으로 시민들이 자주 찾는 시장이었지만 최근에는 관광객도 상당히 많이 찾고 있다. 해산물을 기본으로 제철 식재료와 오메기떡 같은 전통 먹거리까지 다양하다. 아침마다 제주항에서 잡아온 신선한 은갈치나 활어 등의 회는 여행자가 머물 수밖에 없도록 만든다. 시장에서 회를 포장해 숙소에서 같이 온 연인이나 가족, 친구들과 함께 먹어도 좋고 감귤이나 분식을 곁들여도 좋다.

주소_ 제주시 동문로 4길 9
시간_ 7~20시
전화_ 064-752-3001

JEJU

두맹이 골목

옛 추억을 생각나게 하는 낙후된 골목을 벽화로 되살린 마을로 돌이 많은 지역을 제주에서는 '두맹이'라고 불렀다는 데서 유래했다. 2008년, 기억의 정원 프로젝트를 시작으로 골목을 따라 벽화를 조성하면서 350m를 시작했지만 조금씩 더 길어지면서 벽화들이 생겨났다. 말뚝박기하는 아이, 담벼락을 바라보며 웃는 아이, 태권브이, 고래 등 벽화들은 소박하여 더 정감이 간다. 사람들이 사는 마을에 조성되었으므로 조용히 감상하는 것을 잊지 말도록 하자.

주소_ 제주시 일도2동 1006-42

한라수목원

자생식물 610종, 도외수종 299종 등 총 900여 종의 식물을 보유 전시하고 있는 한라수목원은 자연학습장이나 삼림욕장으로 사용되고 있다. 온실은 아열대 식물, 자생 식물, 증식 순화 공간 등으로 나뉘어 약 208종의 식물이 자라고 있으며 우리나라에서 한 그루만 발견된 초령목과 만년콩 등 희귀식물과 천지연에만 있는 멸종위기의 죽절초를 복원하는 등 멸종위기의 식물을 살려내기 위해 힘쓰고 있다.

5만 평에 달하는 삼림욕장은 총 1.7㎞의 산책코스로 개발되어 있어 오름 정상까지 올라갈 수 있다. 신선한 공기와 싱그러운 나무 숲 속에서 휴식을 취하기 좋다. 절물 자연 휴양림이나 비자림 등과 비슷한 공간이므로 선택해 입장하기도 한다.

주소_ 제주시 516로 2596
시간_ 9~18시(겨울 17시까지)
요금 _ 무료(주차 30분 무료 이후 2시간까지 1,000원)

제주 절물 자연휴양림

산책로를 따라 길게 늘어선 삼나무가 일렬로 보기 좋게 나열되어 있다. 하늘로 고개를 올리면 높게 솟아 있는 나무들은 마음의 고뇌를 하늘로 날려 버린다.
자연 경관을 헤치지 않도록 나무데크를 깔아 높아 발바닥 지압 효과까지 누릴 수 있다. 수림의 90% 이상이 30년 넘은 삼나무는 맑은 공기를 만들어낸다고 한다.
휴양림 내에서 산책로는 물론이고 약수터, 황금연못, 야영장 등 다양한 시설들이 사람들을 끌어 모으고 있다. 산책로를 따라 500m를 약 40~60분 정도 올라가면 말발굽 절물 오름의 정상에 다다를 수 있는데, 전망대에서 성산 일출봉과 제주 시내를 한눈에 볼 수 있어 가슴이 탁 트인다.

홈페이지 _ www.foresttrip.go.kr
주소 _ 제주시 명림로 584
시간 _ 9~18시
요금 _ 1,000원
전화 _ 064-728-1510

신비의 도로

둥그런 병을 아래로 굴리면 내리막길을 따라가는데 과학적 상식이 통하지 않는 신비의 도로가 있다. 자동차 기어를 중립으로 놓고 브레이크를 떼면 아래로 굴러가는 것이 아니고 언덕 위로 올라가는 것이 신기하다. 1980년에 신혼부부를 태우고 가던 택시기사가 사진을 찍던 중 정차한 후에 우연히 발견했다.

그 후에 신문 기사를 본 사람들이 몰려들었고 제주 관광을 오면 반드시 찾아가는 관광지가 되었다.

오르막으로 보이는 도로는 실제로 약 3도가량 낮은 경사를 이루는 내리막이다. 주변 경관과 가로수 때문에 내리막길이 오르막길로 보이는 착시현상이 발생한다고 확인했다. 신비한 경험을 위해 천천히 이동하는 자동차들로 인해 교통체증이 심하고 병이나 캔을 굴리는 사람들을 볼 수 있다.

주소_ 제주시 노형동 291-17

넥슨 컴퓨터 박물관

국내 최대의 게임회사인 넥슨이 만든 박물관은 컴퓨터보다는 게임 박물관이라고 생각해야 한다. 자녀를 둔 가족들이 주로 찾는 박물관으로 게임 박물관처럼 전시해 놓아 어른보다는 어린이들이 좋아한다.

게임을 즐기고 VR과 플레이스테이션을, 예전의 컴퓨터부터 지금의 게임기기까지 기계들이 전시되어 있고 체험도 즐길 수 있다. 애플 최초의 컴퓨터인 애플 1은 어른들의 흥미를 끈다.

홈페이지_ www.nexoncomputermuseum.org
주소_ 제주시 1100로 3198-8
시간_ 10~18시(7~8월은 20시까지)
(월요일 휴관, 1/1, 추석 당일 휴관)
요금_ 8,000원(청소년 7,000원 / 어린이 6,000원)
전화_ 064-745-1994

곽지 해수욕장

유독 하얀 백사장은 더 푹신한 촉감이 느껴질 것만 같다. 낮은 언덕이 완만하게 들어서고 아늑한 분위기를 알게 되면 해안선을 따라 에메랄드빛 바다와 검은 바위가 어울려 포근하게 느껴진다.

모래는 유난히 하얀 빛깔에 고와서 아이들은 한참을 모래성을 쌓으면서 놀게 된다. 그런데 조개가 오랜 세월 동안 가루로 변해 이곳의 모래가 더 곱고 하얗다. 여름에도 물이 차서 조금이라도 준비운동을 하고 바다로 들어가는 것이 좋다. 현무암 주위에 울타리를 쳐 놓아 안전하게 수영을 즐길 수 있다. 해가 지면서 보는 노을의 풍경을 보면서 하루를 마무리하고 고요하게 잠들 수 있다.

협재 해수욕장

제주의 해변이 아름답지만 그 중에서 누구에게나 사랑받는 해변은 협재 해변일 것이다. 어느 계절이나 에메랄드빛을 보면서 깨끗한 풍경은 덤이다. 해변에 깔린 검은 바위와 바위에 기생하는 녹조류가 더욱 다채로운 풍경을 만들고 있다.

정면 멀리 바다 한가운데 떠있는 비양도는 다른 해변과 다르게 단조로움에 색다른 해변 풍경을 만들어준다. 비양도는 '날아온 섬'이라는 뜻으로 약100여명이 살고 있는 작은 섬이다. 6개의 봉우리로 된 비양봉과 2개의 분화구 등으로 섬 자체가 크지 않아 1시간 30분 정도면 돌아볼 수 있다. 한림항에서 하루 2회 운항하는 배를 타고 15분이면 도착한다.

한여름의 윈드서핑, 제트스키, 파라세일링 등 다양한 해양스포츠도 즐길 수 있고 입구에 있는 울창한 소나무 숲은 해변에서 다양한 즐길 거리를 선사하고 있다. 소나무 숲을 사이에 두고 아래 해변은 금능 해수욕장이라고 부른다.

한림공원

제주도에서 관광이 본격화된 1971년부터 조경 사업을 시작해 황무지 모래밭에서 10년의 시간을 거쳐 공원의 모습을 갖추었다. 9만여 평에 달하는 공원에는 하늘 높이 솟은 야자수길 옆으로 2천여 종이 넘는 아열대 식물원인 허브 가든과 선인장원, 관엽 식물원, 열대식물원 등으로 나누어져 있다.

연못정원에는 습지식물이 아름다운 꽃을 피우고 1997년부터 만들어진 수준 높은 분재들이 식물과 조화를 이루며 볼거리를 제공하고 있다. 한라산 일대의 화산이 폭발하면서 생성된 협재굴은 용암동굴에서 석회동굴로 변해 가는 희귀한 동굴이다.

JEJU

서귀포시

대포 주상절리

주상절리는 뜨거운 용암이 차가운 바닷물에 식으면서 발생하는 수축작용으로 암석에 육각형 모양의 거대한 돌기둥이 겹겹이 붙어서 장관을 이룬 곳을 말한다. 쪼개지는 방향에 따라 4~6각형의 긴 기둥 모양이 붙어 결을 이루는데 정방폭포와 천지연 폭포가 대표적인 주상절리 지형이다.

파도가 해안에 부딪히며 산산이 부서지는 파도와 돌기둥이 만들어낸 조각품이 해안을 둘러싸고 있다. 파도가 잔잔하면 해안을 둘러보면서 일몰을 감상하기에 안성맞춤이고 파도가 거칠면 파도가 부딪히면서 만들어내는 포말을 볼 수 있다. 자연은 오랜 세월을 만들어내는 작품으로 인간을 감동시키는 데 천혜의 자연경관이 보존가치가 커 제주도 지정문화재로 지정되기도 했다. 왼쪽의 산책로를 이용하여 다른 각도마다 만들어내는 주상절리를 보면서 하염없이 바다를 보기 좋다.

중문 색달해수욕장

제주도에서 가장 아름다운 풍경을 볼 수 있는 해수욕장으로 여름이면 다양한 해양 스포츠를 즐길 수 있다. 백사장이라는 뜻의 제주 방언인 '진모살'이라고 부르는 제주사람들도 있다.

산책로를 따라 이국적인 경관에 외국인들도 인정할 정도로 아름답다.

서귀포 매일올레시장

제주 동문시장과 함께 제주도를 대표하는 재래시장으로 다양한 식자재, 해산물, 제주 특산품을 구입할 수 있다. 대중매체에 소개가 많이 된 문어빵, 한라봉 주스, 흑돼지꼬치 같은 먹거리를 볼 수 있다. 할머니떡집, 새로나 분식, 마농 치킨 등이 특히 추천을 많이 받고 있다. 여행을 한 후 저녁에 시장에서 맛집이나 먹거리를 구입해 숙소에서 친구, 연인, 가족들과 함께 먹는 것도 좋은 방법이다.

주소_ 서귀포시 중앙로 62번길 18
시간_ 7~20시
전화_ 064-762-1949

이중섭 미술관

이중섭이 일본에서 귀국해 한국전쟁 때까지 거주한 생가를 중심으로 미술관이 만들어져 있고 비탈길을 따라 이중섭문화거리가 조성되어 있다.

다만 이중섭 그림을 보고 싶다면 다소 실망할 수 있을 정도로 그림의 숫자가 적다. 하지만 3층에서 서귀포 항을 내려다보는 풍경이 아름답다.

주소_ 서귀포시 이중섭로 27-3
시간_ 9~20시(동절기 18시까지)
요금_ 1,500원(성인, 어린이 400원)
전화_ 064-760-3567

이중섭의 제주 살이
서귀포에 살았던 시기는 길지는 않지만 이중섭은 서귀포 시절을 가장 행복했던 시기로 편지에 적었다. 꽃과 아이, 게 등의 항구에서 보이는 풍경을 서귀포의 추억, 물고기와 노는 두 어린이 등 같은 작품에 그려져 있어서 충분히 제주 살이를 짐작해 볼 수 있다.

이중섭 문화거리
아직은 크게 활성화되지 못한 거리이지만 이중섭의 모태로 만들어지는 거리의 모습은 걸으면서 다양한 상점들을 둘러볼만하다.

왈종 미술관

이왈종 화백이 제주에 깊은 관심을 보이면서 수묵 화가였던 화가가 원색적인 부조작품에 반해 몰두한 10년간의 그림이 표현되어 있다. 현대적인 작품인 골프나 자동차 비보이 등의 생활 시리즈가 유명하다. 입구부터 보이는 원색의 작품들을 보면 제주가 보이는 새로운 작품의 세계로 변화하는 분홍 꽃잎이 흩날리는 그림들이 기억 속에 오래 남아 있다.

주소_ 서귀포시 칠십리로 214번길 30
시간_ 9시 30분~18시 30분(동절기 10~18시)
요금_ 5,000원(성인, 어린이 3,000원)
전화_ 064-763-3600

대표적인 제주 3대 폭포

천제연 폭포

천제연 폭포는 높은 곳에 자리한 단애면의 동굴에서 시작하여 바다로 흘러나가는 3개의 폭포로 이루어졌다. 숲 속의 산책길은 다양한 각도에서 폭포를 감상할 수 있도록 여러 갈래로 뻗어 있다.

가장 높은 곳에서는 동굴 천장에서 흘러나온 물이 21m 높이로 떨어지며 '신들의 연못'으로 흘러가는 장관을 볼 수 있다. 저녁이 되면 7명의 선녀가 내려와 여기서 목욕을 한다고 해서 붙여진 이름이다. 오랫동안 사람들은 폭포수에 치료 효과가 있는 것으로 믿고 폭포수에 목욕하거나 물을 마시거나 했지만, 지금은 출입금지가 되었다.

신들의 연못에 모인 폭포수는 그 다음 30m 높이로 낙하하여 강과 바다로 흘러가는 데 천제연 3단 폭포 중 가장 멋진 장관이다. 강 주변의 암벽 틈새에 자생하는 희귀종의 갈대와 양치류는 강 주변의 습한 기후가 솔잎난이 살기에 최적의 조건을 제공한다.

계곡을 따라 올라가면 선임교 다리가 나오는데 이곳을 통해 중문 관광단지로 넘어갈 수 있다. 다리 측면에는 전설의 칠선녀들이 조각되어 있고, 8각형의 천제루도 볼 수 있다.

홈페이지_ www.visitjeju.net **주소_** 서귀포시 천제연로 132 **시간_** 9~18시
요금_ 2,500원(성인, 어린이 1,350원) **전화_** 064-760-6331

천지연 폭포

서귀포항 옆 주차장을 건너 산책로를 따라가면 물소리가 들리기 시작한다. 높이 22m, 폭 12m에 이르는 웅장한 폭포가 보이면 웅장한 폭포의 자태에 가슴이 뻥 뚫린다. 폭포 주변으로는 기암절벽이 계곡을 이루고 수백 종의 희귀식물들이 이곳에 자생하여 계곡 주변은 문화재보호구역으로 지정되어 있다. 여름에는 어두운 폭포에 조명시설이 켜지면서 여행자의 발길이 멈추지 않는다.

주소_ 서귀포시 천자동 667-7 **시간_** 9~21시 30분 **요금_** 2,000원(성인, 어린이 1,000원) **전화_** 064-733-1528

정방 폭포

계단을 따라 내려가면 물방울이 얼굴에 조금씩 떨어지고 시원하게 떨어지는 모습이 장관이다. 해안 절벽에서 떨어지는 폭포는 바다로 흘러가면서 무지개를 만들어내기도 한다. 천제연 폭포, 천지연 폭포와 함께 제주 3대 폭포 중에 하나로 유명하다. 해변의 둥근 바위 위에 앉아 세차게 떨어지는 정방폭포를 벤치에 앉아 바라보면 파도와 바다에서 불어오는 바람이 근심을 날려버리게 한다.

주소_ 서귀포시 동홍동 277 **시간_** 9~18시 **요금_** 2,000원(성인, 어린이 1,000원) **전화_** 064-733-1530

> **소정방 폭포**
> 올레 6코스를 따라 이동하면 소라의 성을 지나 소정방 폭포를 볼 수 있다. 정방 폭포에서 나와 이룬 작은 폭포라고 하여 소정방 폭포라는 이름이 붙었다.

성산일출봉

걸어 올라가는 게 그리 어렵지 않은 화산 분화구에는 제주도의 멋진 풍광을 감상할 수 있다. 짧게 "일출봉"이라고도 하는 성산일출봉은 웅장하고 아름다운 일출을 보기 위해 많은 제주도민과 관광객들의 발길이 끊이지 않는 곳이다. 예전에 화산이었던 이곳은 걸어서 어렵지 않게 올라가실 수 있는데, 하루 중 어느 때든 제주도와 주변 바다의 환상적인 풍광을 만끽할 수 있다. 쩍 벌어진 분화구 옆에 자리를 잡고 동쪽을 향해 앉으면 바다 위로 서서히 솟아오르는 붉은 태양을 만나게 된다.

제주도의 동쪽에 위치한 성산일출봉은 수십만 년 전에 바닷 속 화산 활동으로 인해 형성되었다. 높이는 182m 정도라 오르기에 힘들지는 않아서, 대부분의 사람들에게 왕복 약 1시간이 소요된다.

산의 북서쪽에는 잘 관리되는 통로와 계단이 마련되어 있으므로 따라 올라가면 된다. 봄이면 주변이 온통 노란색 유채꽃으로 만발해서 사진을 찍으면 더욱 선명하고 아름답다. 조각된 첨탑처럼 생긴 바위층이 화산 주변을 둘러싸고 있고. 식물에 관심 있는 분들은 화산 주변에 자생하는 희귀식물도 구경하면 좋다. 특히 이곳의 양치류와 난은 주목할 만하다.

꼭대기에 올라가면 주변 일대의 시내는

물론 이곳을 둘러싼 반도와 바다까지 환상적인 전망이 펼쳐진다. 분화구 구멍의 너비는 600m인데, 일출봉이 형성되었을 당시 폭발의 규모를 가늠해볼 수 있다.

성산일출봉의 정문은 매일 해뜨기 1시간 전에 열리기 때문에 바다 위로 솟아오르는 아름다운 일출을 만끽하려면 일찍 올라야 한다.

일출봉에서 내려올 때는 제주도의 유명한 해녀들도 볼 수 있다. 산 밑자락의 바위를 기지삼아 물질을 하는 이곳 해녀들은 한 번에 최대 2분까지 숨을 참으면서 바다 속 전복을 캐낸다. 매일 공연이 펼쳐지며, 제주도 특산 요리인 전복죽도 맛보면 반할 것이다.

섭지코지

탁 트인 해안과 고요한 시골 풍경을 만끽할 수 있는 섭지코지의 절벽 산책로는 울퉁불퉁한 바다 풍경과 평화로운 시골 풍경을 모두 담고 있어 언제든 낭만적인 산책을 즐기기에 좋다. 섭지코지는 제주 방언으로 "좁은 땅"이라는 뜻의 섭지와 "곶"이라는 뜻의 코지가 합쳐진 말인데, 좁고 가파른 절벽과 환상적인 화산 바위로 인해 제주도 동쪽 끝에 위치한 이곳은 아름다운 절경으로 손꼽힌다.

잘 포장된 절벽 산책로는 걷기가 편해 누구나 쉽게 즐길 수 있다. 길을 따라 계속 가면 멀리 하얀 등대 모양이 보인다. 등대 위에서 바라보는 전망이 아름다워서 계단을 올라가는 수고도 아깝지 않다.

돌길을 따라 절벽 쪽으로 이동하면, 오른쪽 아래로는 파도가 하얗게 밀려오는 신양 섭지코지 해변이 보이고, 왼쪽의 나무 울타리 넘어로 탁 트인 초원에서 말들이 한가롭게 풀을 뜯는 풍경이 보이고, 저 멀리 웅장한 성산일출봉이 보인다. 섭지코지는 높은 인기를 끌었던 드라마 '올인'이 촬영되면서 더욱 알려지기 시작해 친숙해졌지만 은행나무 침대 2와 천일야화 등의 한국 영화에도 등장했다.

선돌바위의 전설

절벽 끝의 선돌바위는 슬픈 전설을 갖고 있는 바위로 옛날 용왕의 아들이 섭지코지에서 목욕하던 아리따운 선녀를 보게 돼 아버지에게 간청한 결과 혼인 승낙을 받았으나, 선녀와 만나기로 한 100일째 되던 날 갑자기 불어 닥친 거센 바람과 높은 파도로 선녀가 내려오지 못하면서 결국 사랑을 이루지 못하자 슬픔에 빠져 선 채로 바위가 됐다는 전설이다.

테디베어 박물관

제주도 남쪽에 자리한 테디베어 박물관에는 100년이 넘는 앤틱 견본부터 함께 사진을 찍기에 좋은 대형 테디베어까지 다양한 테디베어를 볼 수 있다. 최초로 만들어진 곰 인형 제조사인 독일의 슈타이프가 100여 년 전에 만든 것이다.

날씨가 좋은 날에는 정원에서 한국 반달곰 가족을 비롯하여 수많은 대형 곰들을 보면서 휴식을 취할 수 있다. 연못과 분수도 있는데 모두 곰들로 꾸며져 있다.

테디베어 박물관에는 오랜 세월을 거쳐 봉제 곰 인형이 어떻게 변해왔는지 변화를 확인할 수 있다. 2001년에 문을 연 테디베어 박물관은 역사관, 예술관, 프로젝트 전시관으로 나뉘어 있다.

역사적으로 유명한 장면이나 인물을 테디베어 형태로 재현한 전시도 아주 흥미롭다. 테디베어가 달에 착륙하는 전시나 비틀즈, 마릴린 먼로, 간디 등으로 재현되어 있다. 낮 공연에 엘비스 프레슬리의 노래를 공연하는 엘비스 테디베어도 놓쳐서는 안 되는 볼거리이다. 예술관에는 모나리자, 미켈란젤로의 천지창조, 로댕의 생각하는 사람 등이 복제되어 있다. 세계에서 가장 비싼 곰에 해당하는 루이비통 테디베어와 다이아몬드 테디베어도 볼만하다.

표선해수욕장

드넓은 백사장이 썰물 때에 끝이 보이지 않을 정도로 펼쳐지고, 밀물 때에는 백사장의 경사가 완만하게 이루어져 안전하게 해수욕을 즐길 수 있다.
백사장의 모래가 독특해 모래찜질을 즐기 위해 찾는 가족단위 여행자들이 많고 신경통을 줄이기 위해 찾는 효도관광을 위해 찾기도 한다.

남쪽에 해안 마을에 포구가 있어 낚시를 즐기는 강태공을 쉽게 볼 수 있다. 그들이 팔뚝만한 물고기를 잡으며 웃는 모습도 깨끗한 수질을 알 수 있어 낚시든 해수욕이든 모래찜질이든 추천한다. 12번 도로로 성산방행을 따라가면 표선 해수욕장으로 들어가는 길이 갈림길에서 우측 도로를 따라가야 한다.

주소_ 서귀포시 표선면 표선리 44-4

아쿠아플라넷 제주

아시아에서 가장 규모가 큰 수족관은 약 3만여 마리, 500종의 제주를 둘러싼 해양 생물이 전시되어 자녀를 둔 관광객이 가장 많이 찾는다. 공연장에서는 해녀들의 공연과 가오리 먹이를 주는 장면에서 환호를 들을 수 있다. 바다 뮤지컬과 아이들을 위해 실내 놀이터가 준비되어 자녀에게 교육적으로 알려주고 싶은 부모들이 찾지만 부모들이 더 신기해하는 수족관이다.

주소_ 서귀포시 성산읍 섭지코지로 95
시간_ 10~19시
요금_ 41,000원(성인 / 어린이 37,300원)
전화_ 1833-7001

성읍 민속마을

마을 앞 도로를 지나다 보면 600년이 넘은 느티나무와 팽나무가 서 있어 자연스럽게 눈길이 가게 된다. 제주도민들의 옛 생활을 알 수 있는 마을로 옛 생활공간이 어떻게 구성되어 있는지 알고 싶은 가족 여행자들이 많다. 규모는 작지만 인위적이지 않아서 제주지방의 특징적인 공간이나 울타리를 볼 수 있다.

쇠소깍

카약을 타고 효돈천이 흘러 바다가 만나는 지점에 있는 숨은 명소 중에 하나로 다양한 기암괴석의 아름다움을 여유롭게 풍경을 즐기면서 이야기를 나누며 돈독한 감정을 느끼기에 좋다. 주변에 울창한 소나무가 숲을 이루고 있으며 계곡과 바다가 만나는 지점의 수심이 깊은 조심해야 한다.

예전에는 효돈을 '쇠돈'이라고 불렀고 연못이라는 뜻의 '소'와 가장자리라는 뜻의 방언인 '깍'이 만나 '쇠소깍'이라는 특이한 이름이 탄생했다.
한적하게 제주의 비경을 보면서 에메랄드빛 물색을 보면 제주도의 아름다움에 또다시 감탄하게 된다.

주소_ 서귀포시 남원읍 하례리 1889

추사 유배지

조선 후기 대학자이자 정치가로서 뿐만 아니라 뛰어난 필체를 자랑하는 서예가로 명성이 자자했던 추사 김정희(1786~1856) 선생이 추사체를 완성한 곳이 이곳이다. 1840년 조선 헌종의 윤상도 옥사 사건에 연루되어 55세의 늙은 나이에 유배 길에 올라 8년 동안 유배생활을 하면서 척박하고 고독한 귀양살이를 하면서 추사체를 완성하고 세한도를 비롯한 서화들을 남겼다.

추사 김정희가 생활하던 초시 본가가 복원되어 있고 기념관에는 그의 작품을 탁본과 복사본, 민구류 등이 전시되어 있다. 진한 묵향을 느끼면서 한 획에 다은 대학자의 발자취를 되돌아 볼 수 있다. 추사 선생이 태어난 음력 6월3일에는 추사 문화 예술제가 매년 열린다.

오설록 티뮤지엄

차나무 재배에 적합한 지형과 기후를 갖고 있는 제주는 조선 후기 때도 다인들과 차를 즐긴 유서 깊은 곳이다. 남제주군의 서광다원 입구에 있는 넓은 평지와 언덕에 나란히 늘어선 차나무들은 잘 정비된 잔디처럼 보인다.

겨울에도 푸른빛을 보이면서 언제나 신록을 볼 수 있는 장소이다. 녹차에 대한 정보와 차 문화의 역사, 전통 다기와 차나무의 재배 과정 등을 차분히 볼 수 있어 차를 즐기면서 지식까지 충전할 수 있다. 가장 인기가 있는 녹차 아이스크림은 녹차 아이스크림을 대중화시킨 원조하고 할 수 있다.

모슬포 포구

모슬포 항에서 모슬봉이 뒤로 보이고 망망대해를 바라보면 운치가 있어 보이지만 옛날 제주에서 남자들은 배를 몰고 먼 바다로 나가 고기를 잡았고 여인들은 바다 속에 들어가 해산물을 캤다. 하지만 거친 바람과 파도 속에서 이를 극복하며, 불안정한 상황에서 살아가야 하는 상황은 힘든 일이었다.

빨간 등대와 하얀 등대가 바다의 길목에서 들어오고 나가는 선박들을 배웅하고 마주한다. 해가 질 무렵 나가는 배들을 보면 걱정스럽기도 하지만 등대를 이정표 삼아 아무 일없이 살아갈 수 있는 것이다. 11월 중순에 방어축제가 열리는데 풍어제와 방어낚시, 방어 손으로 잡기, 방어 시식 등의 다양한 행사를 볼 수 있다.

산방산

서귀포시의 서쪽으로 차를 몰고 이동하면 보이는 언덕 같은 산방산은 완만한 언덕이 아니고 볼록하게 솟아있다. 높이는 300m로 해안에 접해 있고, 주위에는 산이 없어서 더욱 도드라져 보인다. 산방산은 70~80만 년 전의 용암이 덩어리자체로 이루어져 있는데, 상록수림이 울창하여 용암이라는 생각은 하지 못할 것이다.

용머리 해안

예전에는 용머리 해안가가 이렇게 아름다운 줄 몰랐던 시기도 있었다. 바닷가의 기암절벽에 오랜 시간 동안 바람과 파도가 힘을 더해 만들어 낸 것이다.

용머리 해안은 바닷가를 향한 바위 언덕이 용이 머리를 들고 바다로 들어가는 모습과 닮아서 붙여진 이름이다. 퇴적층이 겹겹이 쌓여서 형성된 듯한 해안 바위는 결들이 아름다운 문양 같다. 화산 단층으로 이루어진 바위를 걸으며 해안을 한 바퀴 도는 데 걸리는 시간은 30분 정도이지만 하나하나 자세히 보면서 사진까지 찍는다면 시간은 상당히 길어진다.

1653년 네덜란드의 하멜 일행이 제주 인근에서 폭풍을 만나 배가 난파되고 제주로 표류되어 체포된 사건을 기념하는 기념비도 세워져 있다. 하멜은 14년 동안 조선에 강제로 머물렀다가 1666년에 배를 타고 일본으로 탈출해 다음해 네덜란드로 돌아갔다. 그는 이후 '하멜 표류기'를 집필하여 조선을 유럽에 알리는 최초의 문헌으로 기록되고 있다. 하멜이 이용한 선박 바타비아호를 모델로 제작된 전시관이 들어서 하멜에 대한 이야기를 볼 수 있다.

인상적인 제주 맛집

제주 아띠 다올

날씨가 춥거나 쌀쌀할 때 생각나는 식당으로 국물에 담긴 보말국은 정말 일품이다. 조금 늦으면 줄을 서야 하는 인기 식당에 비해 인기는 적지만 친절한 서비스와 음식 맛이 좋아서 지나가는 길에 매번 들르는 식당이다. 칼칼한 칼국수 맛은 나의 발길을 머물게 한다. 가끔 점심 장사가 끝나는 2시 정도에 하루의 영업이 끝나는 경우가 있다.

주소 | 서귀포 서성일로 521 **시간** | 10~20시(일요일 휴무) **요금** | 황태해장국 8,000원, 보말칼국수 8,000원
전화 | 064-783-9940

갯것이 식당

바다에서 나는 것이라는 제주어인 '갯것'이라는 뜻으로 예전에는 제주 시내에서 제주음식 전문점으로 사랑을 받았던 식당이다. 하지만 최근에 관광객이 찾지를 않는 것인지, 시민들이 찾지 않는지 손님이 줄었다. 그래서 소라, 한치, 자리 물회를 먹으러 봄이나 여름에 가면 좋은 식당이다. 갈칫국, 보말국, 옥돔구이 등의 제주 음식이 주 메뉴이다.

주소 | 제주시 가령로 9 **시간** | 8시 30분~21시 **요금** | 물회 10,000원, 보말국 8,000원, 성게국 10,000원
전화 | 064-724-2722

국시트멍

고기국수를 맛있다고 하여 찾았다가 비빔 고기국수에 빠진 식당이다. 구수하게 로컬 맛집으로 알려졌는데 최근에 입소문을 타고 인기를 얻었다. 달콤한 비빔 고기국수를 먹고 다시 고기국수를 주문하면서 맛을 비교하게 되었다. 수육은 부드럽고 아삭한 오이가 간장소스에 빠지면 입안에 녹아드는 돈쌈은 같이 주문하면 좋을 것 같다.

주소 | 제주시 진군길 31-3 **시간** | 8~17시 **요금** | 고기국수, 비빔 고기국수 7,000원, 돈쌈 12,000원
전화 | 050-71482-7012

자매국수

제주에 도착하거나 제주를 떠나기 전에 한번은 먹는 식당이다. 제주 3대 국수는 올레국수, 삼대국수회관과 함께 자매국수를 말하는 데, 대세는 자매국수일 것이다. 최근에 깔끔한 시설로 잡내가 없는 고기국물에 쫄깃쫄깃한 면발이 압권이다. 겨울에는 고기 국수, 여름에는 비빔 국수를 주로 먹는데 먹을 때마다 기분 좋게 느껴진다.

주소 | 제주시 삼성로 67 **시간** | 9~19시 40분(브레이크 타임 14시 20분~16시)
요금 | 고기국수, 비빔국수 8,000원 / 멸치국수 6,000원 **전화** | 064-746-2222

은희네 해장국

제주에서 잡히는 돌문어는 다양한 요리를 만들 수 있는 데 그 중에서 덮밥이나 볶음 요리가 매콤하다. 부드럽게 씹히는 식감에 김이 매운 맛을 잡아준다. 밥에 문어를 올려 먹다가 조금 남았다면 밥에 비벼 한 그릇을 뚝딱 비워내고 배는 두둑해진다. 간혹 아침에 보말미역국을 먹기도 하는 데, 전날에 술을 마셔 해장국의 역할도 한다.

주소 | 서귀포시 성산읍 은평관전로 41 **시간** | ~20시(둘째, 넷째 수요일 휴무)
요금 | 돌문어 볶음 12,000원, 성게 보말미역국 12,000원 **전화** | 064-784-3491

중앙통닭

마농 치킨은 제주에서 먹을 수 있는 프랜차이즈 통닭집으로 저녁을 먹고 밤에 심심하다면 프라이드 치킨을 주문해 이야기를 나누며 하루의 피로를 풀 수 있다. '마농'은 제주에서 마늘을 부르는 이름으로 특히 서귀포 올레 시장의 마농 치킨이 있는 중앙통닭은 튀김옷이 얇게 둘러져 기름 맛이 덜 느껴져 맛있게 느껴진다.

주소 | 서귀포시 중앙로 48번길 14-1(본점) **시간** | 7~16시, 17시30분~21시(화요일 휴무) **요금** | 치킨 16,000원
전화 | 064-733-3521

영해 식당

60년의 오랜 시간을 견디면서 대정읍을 지킨 밀면 맛집이다. 몸국과 밀면, 수육, 소고기찌게가 주 메뉴이다. 여름에는 밀면을 주문하고 겨울에는 몸국을 주문하게 된다. 계절에 따라 사람들은 많은 양과 제주를 지킨 맛으로 사람들의 사랑을 받아왔다. 최근에는 수육이 6,000원이라는 저렴한 가격에 맛있게 추가로 먹을 수 있어 같이 주문하는 경우가 많아졌다.

주소 | 서귀포시 대정읍 하모상가로 34-2 **시간** | 11~20시 **요금** | 밀냉면 소 6,000원, 소고기 찌개 8,000원
전화 | 064-794-2262

서울 떡볶이

제주 동문시장에서 가장 유명한 분식집일 것이다. 서울 떡볶이는 빨간 국물에 떡이 가득 담겨 있어 먹음직스럽다. 근처에 숙소가 있다면 싸가서 편안하게 먹을 수도 있고 내부의 테이블에서 뜨끈한 떡볶이를 순대나 튀김과 같이 먹으면서 옛 추억을 이야기할 수도 있다. 항상 사람들로 북적이기 때문에 미리 무엇을 주문할지 정하고 방문하는 것이 좋다.

주소 | 제주시 관덕로 14길 20 **시간** | 11시 30분~21시
요금 | 떡볶이 4,000원, 순대 4,000원 **전화** | 064-726-9266

다미전 횟집

제주도는 섬이기 때문에 싱싱한 회를 먹고 싶은 것은 누구나 마찬가지일 것이다. 그런데 문제는 비싸다는 것인데, 비싸다면 맛집에서 제대로 먹고 싶은 마음이 든다. 그럴 때에 찾아가면 후회하지 않을 회를 만날 수 있다. 기본적인 반찬이 제대로 나오고 싱싱한 참 돔이나 다금바리가 입 안에서 살살 녹는다는 표현이 아깝지 않을 정도로 맛있다.

주소 | 서귀포시 표선면 민속 해안로 578-1 | **시간** | 11시 30분~22시
요금 | 참돔 13만원, 다금바리 24만원 | **전화** | 064-787-5050

쉐프의 스시 이야기

회전 초밥집으로 최고의 인기를 끌고 있는 식당이다. 단연 스시를 저렴한 가격에 먹을 수 있는 장점이 있지만 재료도 신선하여 사람들에게 알려졌다. 성수기나 주말에는 항상 북적이므로 빨리 먹고 나가야만 할 거 같은 분위기가 좋지는 않다. 식사는 최대 90분 동안만 가능하다.

주소 | 제주시 신광로 36 | **시간** | 11시 30분~14시 30분, 17~21시 30분(월요일 휴무)
요금 | 접시당 1,500~2,000원 | **전화** | 064-745-7785

빵과 커피가 맛있는 카페

앙뚜아네트

제주시에 간다든지, 제주에 도착한 다음 바로 직행하는 빵집이자 카페이다. 다양한 빵들이 즐비하고 맛있는 버거까지 자연스럽게 손이 간다. 바다를 볼 수 있는 자리에 앉아 먹으면 어느새 제주도에 있다는 사실을 알게 된다. 다만 가격이 비싸다는 단점이 있지만 가끔씩 먹는 빵이라 큰 부담은 느끼지 못할 것이다.

주소 | 제주시 서해안로 671   **시간** | 9~22시   **전화** | 064-713-2220

유동 커피

이중섭 거리 건너편에 있는 유동 커피는 이중섭을 좋아하는 저자가 자주 찾는 커피 맛집이다. 매장은 크지 않지만 커피의 메뉴가 다양해 주문하기기 힘들 정도이다. 하지만 간단하게 설명을 곁들여 놓았기 때문에 커피를 주문할 수 있다. 게다가 가격이 아메리카노가 3,000원이기 때문에 저렴한 편이다. 여성들이 좋아하는 라떼는 나오는 비주얼도 예뻐서 SNS에 자랑하기도 좋다.

주소 | 제주 서귀포시 태평로 406-1   **시간** | 8~22시
요금 | 아메리카노 3,000원, 콜드 브루 3,500원, 카페 모카 초코 3,800원   **전화** | 064-733-6662

조대현

63개국, 298개 도시 이상을 여행하면서 강의와 여행 컨설팅, 잡지 등의 칼럼을 쓰고 있다. KBC 토크 콘서트 화통, MBC TV 특강 2회 출연 (새로운 나를 찾아가는 여행, 자녀와 함께 하는 여행)과 꽃보다 청춘 아이슬란드에 아이슬란드 링로드가 나오면서 인기를 얻었고, 다양한 여행 강의로 인기를 높이고 있으며 "해시태그 트래블" 여행시리즈를 집필하고 있다. 저서로 하노이, 달랏, 나트랑, 푸꾸옥, 베트남, 체코, 크로아티아, 아이슬란드, 몰타, 오스트리아, 런던 등이 출간되었고 북유럽, 스페인 이탈리아 등이 발간될 예정이다.

폴라 http://naver.me/xPEdID2t

한 달 살기 제주

초판 1쇄 인쇄 I 2023년 10월 25일
초판 1쇄 발행 I 2023년 11월 8일

글 I 조대현
사진 I 조대현, 유경철(표지 사진과 일부 사진 제공)
펴낸곳 I 해시태그출판사
편집·교정 I 박수미
디자인 I 서희정

주소 I 서울시 강서구 허준로 175
이메일 I mlove9@naver.com

979-11-93069-63-9(03920)

- 가격은 뒤표지에 있습니다.
- 이 저작물의 무단전재와 무단복제를 금합니다.
- 파본은 구입하신 서점에서 교환해드립니다.

※ 일러두기 : 본 도서의 지명은 현지인의 발음에 의거하여 표기하였습니다.